Die Abgeordneten des Deutschen Bundestages werden in allgemeiner, unmittelbarer, freier, gleicher und geheimer Wahl gewählt. Sie sind Vertreter des ganzen Volkes, an Aufträge und Weisungen nicht gebunden und nur ihrem Gewissen unterworfen.

Artikel 38 Absatz | Grundgesetz

Der Fünfzehnte Deutsche Bundestag

Innenansichten unseres Parlaments

Der Deutsche Bundestag in Berlin

Die parlamentarische Arbeit im Reichstagsgebäude

Die Ausschussarbeit im Paul-Löbe-Haus

Der parlamentarische Alltag

Im Rückblick

Im Überblick

GLEICH AUF WELCHER EBENE, GLEICH IN WELCHEM BEREICH – Offenheit und Begegnung prägen auch architektonisch die Arbeit des Bundestages im Berliner Reichstagsgebäude.

Der Deutsche Bundestag in Berlin

FRISCHER WIND weht im historischen Reichstagsgebäude an der Spree seit seinem Umbau und dem Einzug des Bundestages.

Innenansichten unseres Parlaments

WOLFGANG THIERSE
PRÄSIDENT DES DEUTSCHEN BUNDESTAGES

Wenn ich Parlamentspräsidenten anderer Länder treffe, gebe ich meist unumwunden zu: Ich bin stolz darauf, dass wir in Berlin das attraktivste Parlamentsgebäude der Welt haben. Über zehn Millionen Menschen haben seit 1999 das Reichstagsgebäude besucht, Jahr für Jahr stehen allein zwei Millionen Menschen Schlange, um die Kuppel zu besichtigen. Das Reichstagsgebäude ist eine der größten Attraktionen der Stadt, die Kuppel ein Berliner Wahrzeichen geworden: Sie ist Symbol für die Hauptstadt des vereinten Deutschlands, für eine stabile und funktionierende Demokratie, für einen transparenten und offenen Politikstil.

Damit hat das Reichstagsgebäude eine erstaunliche und erfreuliche Wandlung vollzogen. Vor dem Umbau durch Sir Norman Foster galt der alte Bau von Paul Wallot (wenn auch zu Unrecht) als schweres, ja düsteres Monument preußischen Machtstrebens. Ich erinnere mich noch gut an die Sorge der Umzugsgegner, mit dem Einzug in dieses Gebäude könne ein neuer „Berliner“ Politikstil aufziehen. Doch es ist anders gekommen. Nicht das Reichstagsgebäude hat unser politisches Selbstverständnis verändert, sondern unser politisches Selbstverständnis lässt das Reichstagsgebäude in einem anderen Licht erscheinen. Heute behauptet niemand mehr ernsthaft, hier liebäugele die deutsche Demokratie mit wilhelminischer Großmannssucht. Die historische Substanz ist auf harmonische und überzeugende Weise mit modernen transparenten Elementen verbunden worden. Im Reichstagsgebäude zeigt sich die Demokratie, wie sie heute – endlich und zum Glück – ist: stabil und auf solidem Fundament gebaut, zeitgemäß, ohne ihre Geschichte zu verleugnen, selbstbewusst, ohne selbstgefällig zu wirken. Wenn sich mit dem Umzug von Bonn nach Berlin etwas in unserem Selbstverständnis verändert hat, dann vielleicht nur das: Die Demokratie scheut sich nicht mehr, sich zu präsentieren. Mehr noch: Sie wagt zu repräsentieren.

Die neue Hauptstadt mit den neuen Parlaments- und Regierungsbauten ist Ausdruck eines neuen demokratischen Selbstbewusstseins, das nichts mit Überheblichkeit zu tun hat, sondern mit Freude und Stolz auf das Erreichte. Seit dem Fall der Mauer und dem Ende der Teilung ist Deutschland in der glücklichen Lage, offen, frei und von Freunden „umzingelt“ zu sein. Wir erleben gerade (leider nicht in ganz Europa) die längste Periode des Friedens, die es je gab. Wir leben in freiheitlichen und doch gesicherten Verhältnissen, fest eingebunden in die Europäische Union. Ich bin froh darüber, dass die deutschen Parlamentarier 1991 den Mut hatten, sich für den Umzug nach Berlin und für den Neubau der Parlaments- und Regierungsbauten zu entscheiden. Für mich war und ist diese Entscheidung die notwendige Konsequenz aus dem historischen Glücksfall von 1989/1990. Inzwischen

ist wohl auch die Mehrheit der Bürgerinnen und Bürger davon überzeugt. Jedenfalls sind Freude und Begeisterung über die attraktive Architektur wohl kaum denkbar ganz ohne die Billigung dieser Entscheidung, ohne die Zustimmung der Bürgerinnen und Bürger zur Demokratie und zu dem Staat, in dem sie leben.

Motor der Republik

In dieser 15. Wahlperiode wird der Umzug des Deutschen Bundestages von Bonn nach Berlin, der 1999 begann, abgeschlossen. Mit dem Marie-Elisabeth-Lüders-Haus ist nun auch der dritte der großen Parlamentsneubauten bezugsfertig, mit dem sich das „Band des Bundes" schließt. Der Schöpfer dieses Konzeptes, Axel Schultes, hat auch den eigenwilligen Bau des Bundeskanzleramtes geschaffen, das den Auftakt zum „Band des Bundes" macht. Dem Kanzleramt stehen drei große Parlamentsneubauten gegenüber, die Arbeitsstätten der nunmehr 603 Parlamentarier. Im Paul-Löbe-Haus, einem lichten und lang gestreckten Neubau mit acht gläsernen Zylindern, tagen die Ausschüsse des Deutschen Bundestages. Der Münchner Architekt Stephan Braunfels hat ein einladend offenes Haus geschaffen, das dank seiner nüchternen und funktionalen Architektur als „Motor der Republik" bezeichnet wird.

Im gleichen Stil, nur vielleicht spielerischer und noch offener, schließt sich am anderen Ufer der Spree das Marie-Elisabeth-Lüders-Haus an, das Gebäude für die Wissenschaftlichen Dienste mit der Bibliothek (die übrigens die größte Parlamentsbibliothek Europas ist). Zwischen diesen beiden Häusern vollzieht sich der „Sprung über die Spree", denn sie sind mit einer doppelstöckigen Brücke miteinander verbunden, die nicht nur die Spree, sondern auch die einstige Grenze zwischen Ost und West überbrückt. Das Jakob-Kaiser-Haus schließlich ist weit mehr als ein Bürogebäude. Es ist ein ganzer Gebäudekomplex, der sich vom Pariser Platz bis zur Spree, von der Wilhelmstraße bis zum ehemaligen Mauerstreifen an der Ostseite des Reichstagsgebäudes erstreckt. Das Ensemble von neun Häusern verbindet historische Bausubstanz wie das alte Reichstagspräsidentenpalais mit modernen Neubauten, die von fünf Architektenteams gestaltet wurden. Obwohl kein Haus ist wie das andere, bildet das Ganze doch eine ästhetische und funktionale Einheit. Hier arbeiten die Fraktionen, und hier befindet sich ein großer Teil der Abgeordneten- und Verwaltungsbüros. In allen Häusern finden sich Werke namhafter Künstler, die die Arbeit der Parlamentarier reflektieren und kommentieren.

Aus dem einst so geplanten „Regierungsviertel" ist im Grunde ein „Parlamentsviertel" geworden. Ich halte es für eine wunderbare „Nebenwirkung" des Umzugsbeschlusses, dass die Parlamentsgebäude das neu entstandene Viertel an der Spree dominieren. Letztlich spiegelt sich darin die verfassungsrechtliche Bedeutung des Parlaments als Lebensader der Demokratie: Der Deutsche Bundestag ist das einzige zentralstaatliche Organ, das direkt vom Volk, dem Souverän, gewählt wird! Er wählt die Regierung und die Verfassungsrichter, er entscheidet über Gesetze und Verträge des Bundes. Eine scharfe Trennung von Parlament und Regierung ist im deutschen Modell der parlamentarischen Demokratie nicht vorgesehen – was andererseits aber auch nicht heißt, dass beide Verfassungsorgane gleichgestellt wären. Die Regierung ist dem Parlament gegenüber in einer ständigen Bringschuld und Rechtfertigungspflicht. Sie hat den Deutschen Bundestag als Ersten über ihre Absichten zu informieren und an allen wichtigen Entscheidungen zu beteiligen. Das Parlament trägt die letzte Verantwortung dafür, dass Deutschland ordentlich regiert wird. Es muss die Regierung legitimieren, sie tragen und sie gleichzeitig kontrollieren und kritisieren.

Nach unserer Verfassung hat das Parlament also eine stärkere Stellung, als es sie jemals in Deutschland hatte und als sie die Parlamente der meisten anderen demokratischen Staaten heute haben. Doch wie sieht die Wirklichkeit aus? In den letzten Jahren

IM ZENTRUM nicht nur der Politik, sondern auch des Parlamentsviertels steht das Reichstagsgebäude mit seinen großen Glasfluchten.

ist immer häufiger zu hören, der Bundestag verliere an Bedeutung, seine Abgeordneten würden nur noch zum „Abnicken" bereits gefällter Entscheidungen gebraucht. Der Präsident des Bundesverfassungsgerichts beklagt eine Tendenz zur „Entparlamentarisierung". Klafft eine Lücke zwischen Verfassungsnorm und politischer Praxis? Verhüllt die selbstbewusste architektonische Geste nur mehr die nachlassende Entscheidungsfreude und die schwindende Gestaltungskraft der Parlamentarier?

Gleichgewicht neu justieren

Beginnen wir bei der Beantwortung dieser Fragen mit einem bewussten und gewollten Verlust an nationaler Gestaltungskraft, der nicht nur das Parlament betrifft: die Europäische Union. Als entschiedener Anhänger der europäischen Integration muss ich einräumen, dass durch sie die Handlungsspielräume nationalstaatlicher Parlamente eingeengt werden. Vorlagen aus der Europäischen Union, die in Deutschland Gesetzeskraft erlangen sollen, können in der Regel nur noch zustimmend vom Parlament zur Kenntnis genommen werden. Änderungen und Modifikationen sind kaum noch möglich. Jede Kritik an den in Brüssel von den Regierungen ausgehandelten Kompromissen stellt die mühsam erreichte Einigung mit den anderen Mitgliedsstaaten insgesamt in Frage. So müssen manches Mal verbraucher-, sozial- oder wettbewerbspolitische „Kröten" geschluckt werden, um die Union als solche nicht zu gefährden. Das drängt die nationalstaatlichen Parlamente in Ratifizierungssituationen, die nur noch „ja" oder „nein", aber keine Arbeit am Detail mehr zulassen.

Für diese Problematik gibt es noch keine Lösung. Europa ist die Perspektive für viele Politikfelder, die der demokratischen Gestaltung harren. Deshalb wäre es weder möglich noch wünschenswert, bereits abgegebene nationalstaatliche Kompetenzen wiedergewinnen zu wollen. Über die zukünftige Rolle der nationalen Parlamente werden der Fortgang der institutionellen Reformen und das endgültige Gesicht der europäischen Verfassung entscheiden. Das unbestrittene Demokratiedefizit in der Europäischen Union kann und sollte durch eine weitere Stärkung des Europäischen Parlaments aufgehoben werden. Und eine genaue Abgrenzung der Kompetenzen zwischen europäischer und nationaler Ebene könnte den Einfluss und den Spielraum der nationalen Parlamente wieder vergrößern.

Ein Problem sui generis ist das Verhältnis von Bundestag und Bundesverfassungsgericht. Seit Jahren steigt die Neigung, politische Entscheidungen durch Gerichtsentscheidungen fortzuschreiben oder zu unterlaufen. Wer sich ärgert – so wie ich –, wenn das Bundesverfassungsgericht detailliert vorschreibt, was bis wann und wie im Bundeshaushalt zu geschehen hat, der muss immerhin meist einräumen, dass das Parlament vorher ein entsprechendes Problem nicht hat lösen können. Gegen diese Art von partiellem Bedeutungsverlust der Legislative hilft wohl nur mehr Mut zur Verantwortung auf Seiten der Regierungsfraktionen, aber auch mehr Bereitschaft zur Zurückhaltung auf Seiten der Opposition, für die der Gang nach Karlsruhe immer eine Versuchung ist, welche Partei sie auch gerade stellt. Ansonsten hat das Bundesverfassungsgericht in der Auslegung des Grundgesetzes die Rolle des Parlaments durchaus gestärkt. In der politischen Praxis wurde der „Parlamentsvorbehalt" etwa bei Entscheidungen über den Einsatz der Bundeswehr relevant, die deutlich gemacht haben: Friedenssicherung ist eine Aufgabe, über die zu entscheiden dem Parlament vorbehalten ist.

Institutionelle Konkurrenz kennzeichnet heute das Verhältnis von Bundestag und Bundesrat. Zwar ist die föderale Ordnung des Grundgesetzes auf Einigung zwischen Bund und Ländern ausgelegt. Doch immer häufiger zwingen gegensätzliche Mehrheiten im Bundestag und Bundesrat zu verdeckten Großen Koalitionen und verlagern Entscheidungen in den Vermittlungsausschuss. Der Präsident des Bundesverfassungsgerichts bezeichnete diese Entwicklung als „Wandel des Bundesrates zu einer Art zweiten Parlamentskammer und faktischer Ersatz-Opposition". Der föderale Einigungszwang, der früher zuweilen noch als Element der Integration und der Kontinuität gelobt wurde, ist in den Gesetzgebungsverfahren des Bundes immer mehr zur Belastung und zum Bremsklotz geworden. Waren es in früheren Jahrzehnten etwa 30 Prozent der Bundesgesetze, die einer formellen Zustimmung des Bundesrates bedurften, sind es heute gut 60 Prozent.

Die derzeitige Kompetenzverteilung zwischen Bund und Ländern ist so problematisch geworden, dass eine neue Diskussion zwischen Bund und Ländern über die jeweils ausschließliche und die konkurrierende Gesetzgebung unerlässlich erscheint. Bundestag und Bundesrat haben sich deshalb auf eine Kommission geeinigt, die Vorschläge zur Reform des Föderalismus erarbeiten soll. Ihr Ziel muss es sein, den Ländern – dem Prinzip der Subsidiarität folgend – mehr Eigenständigkeit und Kompetenz da zuzugestehen, wo es sie und die dort lebenden Menschen unmittelbar angeht. Im Gegenzug müsste der Bund seine Handlungsfähigkeit überall dort zurückgewinnen, wo es um gesamtstaatliche Aufgaben geht. Es ist keine leichte Aufgabe, die im Föderalismus strukturell angelegte Blockade aufzuheben. Doch wenn diese Reform gelingt, wird das nicht zuletzt auch dazu beitragen, das Verständnis der Bürgerinnen und Bürger für die föderale Ordnung und für die damit verbundenen politischen

HERAUSRAGEND ATTRAKTIV ist der Bundestag – erst recht seit seinem Umzug an die Spree. Schon über zehn Millionen Besucher passierten die Eingangstüren am Westportal.

Entscheidungsprozesse zu vergrößern. Bei aller Notwendigkeit, das föderale Gleichgewicht neu zu justieren: Das Zusammenwirken der verschiedenen Verfassungsorgane und institutionellen Ebenen, der Ausgleich zwischen unterschiedlichen gesellschaftlichen Kräften, ja die Langsamkeit ist das Wesen der Demokratie. Transparenz und Teilhabe in Gesetzgebungsprozessen wird erst dadurch möglich, dass es mehrere Lesungen im Plenum gibt, dass es reichlich Zeit für öffentliche Berichterstattung und interne Diskussion gibt, in die alle beteiligten gesellschaftlichen Kräfte ihre Positionen einbringen können. Zur demokratischen Legitimität gehören nicht zuletzt auch Sorgfalt und Folgenabschätzung der Entscheidungen. Das alles fällt umso schwerer, je stärker Politik und Politiker unter Zeit- und Veränderungsdruck geraten. Schon heute greifen ökonomische Prozesse viel schneller und stärker in das Schicksal der Menschen ein als politische Entscheidungen. Die Folge ist ein Bedeutungsverlust des Politischen, der nicht nur das Parlament betrifft. Nun wäre es theoretisch denkbar, demokratische Entscheidungsprozesse zu beschleunigen. Aber wir müssen uns entscheiden, ob uns die Freiheit in einer offenen und informierten Gesellschaft, ob uns die Kontrolle politischer Macht und die Chance zur Teilhabe und Einmischung nicht doch wichtig genug sind, um dafür den Preis der Langsamkeit zu zahlen.

Der Wettlauf der Medien

Demokratische Politik wird stets langsamer, mühseliger und umständlicher sein, als es den Erwartungen der Menschen entspricht. Ihre Ungeduld wird auch von den modernen Massenmedien geschürt, die immer stärker auf Beschleunigung und Vereinfachung setzen. Öffentliche Berichterstattung über Politik ist ein notwendiger, ja unerlässlicher Teil der Demokratie. Demokratie bedeutet, dass die letzte Kontrolle und das abschließende Urteil über Politik und Politiker der Öffentlichkeit zukommen und den Wählerinnen und Wählern überlassen sind. Ohne die „vierte Gewalt" der Medien ist das unmöglich. Aber die inzwischen schon oft so genannte „Mediendemokratie" hat auch ihre problematischen Seiten. Medien sind nicht vorrangig am „Gemeinwohl", sondern zunächst einmal an ihrem eigenen wirtschaftlichen Überleben interessiert. Auch in den Medien wirken (in den privaten naturgemäß stärker als in den öffentlich-rechtlichen) partikulare Interessen. Deshalb meine ich: Politik braucht Transparenz und Kritik, um der Demokratie willen – aber die Medien brauchen dies auch!

Der Einfluss der Medien auf den Prozess der öffentlichen Willensbildung ist immens. Wichtige politische Debatten finden immer häufiger im Fernsehen statt, lange bevor die Politiker sich im Parlament äußern. Die Konkurrenz auf dem Medienmarkt zwingt Journalisten dazu, unentwegt Meldungen zu produzieren, auch wenn es gar keine Neuigkeiten gibt. Sie zwingt dazu, komplizierte politische Sachverhalte auf kleine, leicht konsumierbare Häppchen zu reduzieren, zu personalisieren und im schlimmsten Fall auch zu skandalisieren. Wer hat Schuld daran? Die Sender, die immer auf der Jagd nach dem Neuesten sind, oder die Politiker, die sich dem scheinbar willfährig aussetzen? Politiker stehen zunehmend unter dem Zwang, sich selbst und ihre Ideen für die Medien zu inszenieren. Wer in den Medien nicht vorkommt, ist auch in den Köpfen nicht präsent. Politiker brauchen aber nun einmal nicht nur die Zustimmung der eigenen Partei oder Fraktion, sie brauchen vor allem auch die Zustimmung der Öffentlichkeit. Wer wollte ihnen da übel nehmen, dass sie sich so gern von Journalisten befragen lassen? Politiker scheinen mir mehr die Getriebenen zu sein in diesem Wettlauf der Medien um die neueste Nachricht. Fangen wir dennoch bei uns selbst an, und versuchen wir doch einmal, nicht die Aktuelle Stunde im Plenum oder die Sitzung des Untersuchungsausschusses schon in den Talk-Shows vorwegzunehmen! Etwas mehr Disziplin in dieser Hinsicht könnte zu der Einsicht verhelfen, dass das Parlament, seine Sorgfalt und Langsamkeit, der Entscheidung dient, die eine Talk-Show nicht zu treffen hat – zum Glück!

Als letzter Gesichtspunkt der Debatte über einen tatsächlichen oder drohenden Bedeutungsverlust des Parlaments, ist die Rolle von Expertengremien im politischen Entscheidungsprozess zu nennen. Dabei handelt es sich keineswegs um ein neues Phänomen. Die Monopolkommission, die so genannten Wirtschaftsweisen oder die „konzertierte Aktion" in den siebziger Jahren sind Beispiele dafür, dass es in Deutschland eine Tradition der Politikberatung und der Entscheidungsvorbereitung durch Beiräte gibt. Über 6.000 Mitglieder von Beiräten auf Bundesebene hat der Haushaltsausschuss des Bundestages einmal in den siebziger Jahren gezählt! Seitdem ist ihre Zahl nicht etwa gestiegen, sondern gesunken, wie eine wissenschaftliche Untersuchung jüngst ergeben hat. Demnach hat lediglich die Intensität der Berichterstattung in den Medien zugenommen und den Eindruck erweckt, politikberatende Expertengremien existierten heute in einem nie gekannten Ausmaß.

Letztentscheidung im Parlament

Sorge und Unmut über eine angebliche „Kommissionitis" werden aber zumindest erklärlich, wenn man sich die Reihe der neuen Kommissionen vor Augen führt, die in den letzten Jahren ins Leben gerufen wurden, ihre Resultate vorgelegt haben und wieder auseinander gegangen sind: die Atomkonsensrunde, die Bundeswehrstrukturkommission, die Zuwanderungskommission, die Hartz-Kommission oder der Nationale Ethikrat, der sozusagen in direkter Konkurrenz zur entsprechenden Bundestags-Enquetekommission gearbeitet hat. Das Bündnis für Arbeit war zwar auf längere Sicht geplant, hat aber dann doch die vergangene Legislaturperiode nicht mehr überlebt. Die Rürup-Kommission wurde gegründet, lange nachdem eine entsprechende Bundestagskommission einen umfassenden Bericht zum Thema „demographischer Wandel" vorgelegt hatte. Alle diese Beispiele haben gezeigt, dass Expertenkommissionen politische Entscheidungen begleiten und vorbereiten, aber niemals ersetzen können.

Mir scheint, dass nicht die Kommissionen selbst das Problem sind, sondern das, was wir von ihnen erwarten und wie wir mit ihnen umgehen. Es ist gut, wenn sich der Kanzler Rat holt. Das Parlament holt sich auch Rat und entscheidet am Schluss – zumindest immer dann, wenn es um Gesetze geht. Aufgabe von Expertenkommissionen sollte es sein, die verschiedenen Optionen für die handelnden Politiker wie für eine kritische Öffentlichkeit aufzubereiten, die Chancen und Risiken der verschiedenen Wege zu zeigen und sie als Alternativen verabschiedungsfähig zu machen. Die Letztentscheidung aber muss im demokratisch gewählten und legitimierten Parlament gefällt werden.

Natürlich müssen die Bürgerinnen und Bürger rechtzeitig wissen, welche Probleme anstehen und welche Lösungswege sich anbieten. Deshalb ist es auch gut, wenn Regierung und Parlament alle betroffenen Interessengruppen an politischen Entscheidungsprozessen beteiligen. Da der Staat mit sehr viel weniger Erfolgsaussichten als früher Zwangsmittel einsetzen kann, werden Verhandlungen – also Konsensrunden – gemischt-parteilicher Experten und Interessenvertreter aussichtsreicher. Das Ziel bleibt ein klassisches: Gesetze zu machen, die auch befolgt werden. Dafür ist der moderierende Politikstil geradezu alternativlos. Er erreicht breiten Konsens und erhebliche gesellschaftliche Integrationseffekte. Er verspricht eine relativ gleichmäßige Verteilung von Lasten und Vorteilen unter den am Kompromiss beteiligten

FÜR BESUCHER, Diplomaten und nicht zuletzt die Medien gibt es Tribünenplätze, von denen sich das Geschehen im Plenarsaal verfolgen lässt.

MEHR LICHT als Schatten prägen dank großzügiger Fensterflächen die Verbindungswege im Reichstagsgebäude, wie hier auf der Präsidialebene.

Interessen. Er versorgt die Politik (im Idealfall Parlament und Regierung eigenständig und nach deren eigenständigem Erkenntnisinteresse) mit vielfältigem, hoch spezialisiertem Sachverstand. Damit geben die Abgeordneten ja nicht ihre Verantwortung für die zu treffenden Entscheidungen aus der Hand!

Regierungshandeln mitgestalten

Gesetzgeber bleibt das Parlament. Der Deutsche Bundestag beschließt die Bundesgesetze nach eingehender Debatte in den Ausschüssen. Kaum ein Gesetzentwurf der Bundesregierung geht danach unverändert wieder ins Plenum. In der letzten Wahlperiode hat der Deutsche Bundestag 559 Gesetze verabschiedet. Die meisten Entwürfe stammten, wie auch in den Wahlperioden davor, von der Regierung. Sieht man von internationalen Verträgen ab, sind nur 79 dieser Entwürfe vom Deutschen Bundestag so verabschiedet worden, wie sie eingebracht worden waren. Die Abgeordneten – auch die der Regierungsfraktionen - nicken nichts einfach ab, sie gestalten das Regierungshandeln ganz wesentlich mit. Wie viel Einfluss die Parlamentarier – gerade auch die der Regierungsfraktionen – haben, das wird in der Öffentlichkeit oft nicht deutlich, da der größte Teil der Arbeit nicht öffentlich im Plenum geleistet wird, sondern in den Ausschüssen. Nicht zuletzt vollzieht sich das Aushandeln zwischen Parlament und Regierung häufig hinter verschlossenen Türen, weil Streit in einer Partei, in einer Koalition, zwischen Kanzlern und ihren Fraktionen, in der Öffentlichkeit als Zeichen von Schwäche gilt – übrigens zu Unrecht, denn Streit ist das Wesen von Demokratie.

Der Deutsche Bundestag ist ein fleißiges Parlament, ein Arbeitsparlament. Die Abgeordneten wühlen sich in die Materien hinein, bis sie von Experten nicht mehr zu beeindrucken sind. Sie bieten übermächtig großen Apparaten von Regierung und Verbänden die Stirn, die oft genug versuchen, ihre numerische Überlegenheit auszuspielen. Weil das viel zu wenig zur Kenntnis genommen wird, plädiere ich mit Leidenschaft für die Öffentlichkeit von Ausschusssitzungen. Das Fernsehen (auch das hauseigene Parlamentsfernsehen des Bundestages) und das Internet bieten bisher noch ungenutzte Möglichkeiten, eine breitere Öffentlichkeit am Beratungs- und Entscheidungsprozess auch in den Bundestagsausschüssen teilhaben zu lassen.

Die Öffentlichkeit von Ausschusssitzungen könnte im Idealfall zeigen, ob, wie und warum sich in bestimmten Fragen Standpunkte der Parteien, der Fraktionen, einzelner Abgeordneter verändern, aufeinander zu bewegen oder größere Gegensätze offenbaren als ursprünglich angenommen. Die Präsentation der verbleibenden Unterschiede, Hauptmerkmal einer dritten Lesung von Gesetzentwürfen, muss sein und wird auch weiterhin bevorzugter Gegenstand von Medien bleiben. Das Geschehen im Plenum ist aber immer nur ein Ausschnitt des Parlamentsgeschehens. Warum soll der mühsame, spannende Rest immer im Verborgenen bleiben?

Arbeit ist die beste Eigenwerbung

Dieser Band ist ein Weg, solche „Innenansichten" aus dem Parlament zu präsentieren. Er bietet Bilder aus den neuen Parlamentsbauten und von den Abgeordneten, die hier arbeiten. Die attraktive, repräsentative Architektur hat eine erfreulich große Außenwirkung entfaltet, die neuen Parlamentsbauten sind ein würdiges Aushängeschild für den Deutschen Bundestag. Es liegt im Interesse aller Abgeordneten, den Bürgerinnen und Bürgern auch möglichst viele Einblicke in die „inneren" Abläufe der parlamentarischen Arbeit zu geben. Denn die beste Eigenwerbung für die Parlamentarier ist die Arbeit, die sie hier leisten.

Die parlamentarische Arbeit im Reichstagsgebäude

Die konstituierende Sitzung

OTTO SCHILY ALTERSPRÄSIDENT

Gemeinsamkeit in schweren Zeiten

„Eine Kultur des Respekts und des demokratischen Dialogs kennt keine Feinde, sondern nur politische Gegner. Eine Kultur des Respekts auf der Grundlage des demokratischen Rechtsstaats achtet ebenso darauf, dass auch bei schärfstem politischen Streit die Institutionen des Staates und der Gesellschaft keinen Schaden nehmen. Lassen Sie mich in diesem Sinne einen schlichten Satz des früheren Alterspräsidenten Konrad Adenauer aufgreifen, der auch als Appell an den 15. Deutschen Bundestag geeignet ist: Wir werden aller menschlichen Voraussicht nach während der nächsten vier Jahre schweren Zeiten entgegengehen. Ich hoffe und bin davon überzeugt, dass sich dann alle Mitglieder dieses Hauses dieser Gemeinsamkeit ihrer Verpflichtungen bewusst sind. Ich hoffe und wünsche, dass wir alle die Gemeinsamkeit unserer Verpflichtungen nicht aus den Augen verlieren, der Versuchung zu einer destruktiven Politik widerstehen, die Fairness auch im politischen Alltag wahren, den politischen Vorteil im Argument und nicht in der persönlichen Herabsetzung suchen und nicht zuletzt der Maxime Goethes folgen werden, dass die Weisheit in der Wahrheit und nirgendwo sonst zu finden ist."

„Die Fairness auch im politischen Alltag wahren"

WOLFGANG THIERSE BUNDESTAGSPRÄSIDENT

Knappe Mehrheit als Chance begreifen

„13 Jahre nach dem Fall der Mauer und zwölf Jahre nach der wieder errungenen staatlichen Einheit sind wir Deutschen auf dem Weg zur inneren Einheit ein ganzes Stück vorangekommen. Die Sondersituation des Zusammenfügens zweier Parlamente, des Deutschen Bundestages und der ersten demokratisch gewählten Volkskammer, hat ihren eigentlichen Abschluss gefunden. Die innere Struktur des vereinten Deutschland drückt sich nun auch in der endgültigen Wahlkreiseinteilung aus. Ich sage das gerade auch als Berliner Abgeordneter, in der Stadt, wo dies nicht ganz einfach war. Im Ergebnis aber glaube ich, dass das Zusammenfügen von Teilen ehemaliger Ost- und Westwahlkreise zum Gelingen des weiteren Zusammenwachsens beitragen wird."

„Der Bundestag bleibt der eigentliche Ort der demokratischen Auseinandersetzung, hier ist der Ernstfall der Entscheidung."

„Ich sehe meine Aufgaben auch weiterhin darin, dabei mitzuhelfen, dass der leidenschaftliche, aber faire Streit über die politische Zukunft unseres Landes hier in diesem Saal, im Reichstagsgebäude im Parlament ausgetragen wird!"

„Wenn ich heute einen Wunsch äußern darf, dann den: dass wir die knappe Mehrheit in diesem Parlament als eine Chance begreifen. Eine Chance zum produktiven Streit, in dem es auch um etwas geht, in dem leidenschaftlich und fair zugleich um die beste Lösung gerungen wird."

„Diese Einbeziehung der anderen Person, der anderen Meinung, der anderen Idee sollte ein selbstverständliches Element unserer politischen Debatte sein."

DR. NORBERT LAMMERT BUNDESTAGSVIZEPRÄSIDENT

DR. ANTJE VOLLMER BUNDESTAGSVIZEPRÄSIDENTIN

DR. HERMANN OTTO SOLMS BUNDESTAGSVIZEPRÄSIDENT

DR. H. C. SUSANNE KASTNER BUNDESTAGSVIZEPRÄSIDENTIN

ZUSTIMMUNG VON ALLEN FRAKTIONEN – damit konnte die Arbeit auf der Grundlage einer gemeinsam getragenen Geschäftsordnung beginnen.

MIT HEITERKEIT UND GUTER LAUNE starteten die Parlamentarier, wie hier auch der Abgeordnete Gerhard Schröder, in die neue Wahlperiode.

WOLFGANG THIERSE BUNDESTAGSPRÄSIDENT

Die konstituierende Sitzung

Nach einer Wahl hat das neue Parlament sich aufzustellen. Der Wähler hat gesprochen, und nach seinem Wort kann sich das politische Leben nun personell und sachlich neu orientieren. So wird etwa die Arbeit der neu gewählten Abgeordneten nicht durch unabgeschlossene Vorgänge der vorangegangenen Wahlperiode belastet (Diskontinuität). Am augenfälligsten wird der Neuanfang stets in der ersten Sitzung nach der Wahl. Die Regierungsbank ist völlig leer, es gibt auch keinen Parlamentspräsidenten. Nach parlamentarischem Brauch übernimmt der älteste Abgeordnete die Eröffnung. Für den 15. Bundestag war dies Otto Schily, der am 17. Oktober 2002 um 11 Uhr seine Kollegen fragte: „Mein Geburtsdatum lautet: 20. Juli 1932 – ist jemand unter Ihnen, der mich an Lebensjahren übertrifft?" Das Sitzungsprotokoll verzeichnete „Heiterkeit" als Antwort.

Erste Amtshandlung des Alterspräsidenten: Begrüßung der Ehrengäste – darunter der Bundespräsident und der Präsident des Bundesverfassungsgerichts – und die Ernennung von vorläufigen Schriftführern. Es folgten grundsätzliche Worte zu den Aufgaben des neu gewählten Parlaments und die Wahl des Bundestagspräsidenten, für die traditionell die mitgliederstärkste Fraktion das Vorschlagsrecht hat. Wie schon im 14. Bundestag ist dies auch im 15. die SPD. Und die entschied sich erneut für Wolfgang Thierse. Die geheime Abstimmung brachte die erwartete Mehrheit. „Beifall im ganzen Haus" verzeichnete das Protokoll, als Thierse die Wahl annahm. In einer kurzen Rede ging er auf den deutlich kleiner gewordenen Bundestag ein und bemerkte dazu: „Natürlich gilt auch hier, dass Qualität vor Quantität rangiert."

Vor der Wahl des Kanzlers fünf Tage später machte sich der Bundestag vollständig arbeitsfähig, indem er sich eine Geschäftsordnung gab und dann auch die Mitglieder des Präsidiums wählte: Susanne Kastner (SPD), Norbert Lammert (CDU/CSU), Antje Vollmer (BÜNDNIS 90/DIE GRÜNEN) und Hermann Otto Solms (FDP). Um 15.40 Uhr hieß es: „Die Sitzung ist geschlossen" – und der 15. Deutsche Bundestag war konstituiert.

Das Präsidium

MIT BUNDESTAGSPRÄSIDENT WOLFGANG THIERSE (RECHTS) AM RUNDEN TISCH die Vizepräsidenten (von links: Dr. Hermann Otto Solms, Dr. Antje Vollmer, Dr. h. c. Susanne Kastner und Dr. Norbert Lammert).

Sichtbar unabhängig

Das Präsidium des Deutschen Bundestages besteht aus dem Präsidenten und seinen Stellvertretern. Am sichtbarsten sind sie in der Öffentlichkeit, wenn sie auf dem Platz hinter dem Redner die Plenarsitzungen leiten. Darin wechseln sich Bundestagspräsident Wolfgang Thierse (SPD) und seine Stellvertreterinnen und Stellvertreter Norbert Lammert (CDU/CSU), Susanne Kastner (SPD), Antje Vollmer (BÜNDNIS 90/DIE GRÜNEN) und Hermann Otto Solms (FDP) ab, und zwar in einem rund zweistündigen Rhythmus. Alle Mitglieder des Präsidiums sind für die gesamte Legislaturperiode gewählt, sie können nicht abberufen werden. Diese Bestimmung soll sie in der Unabhängigkeit ihrer Amtsführung stärken. Der jeweils amtierende Präsident eröffnet und schließt die Sitzungen, ruft die einzelnen Tagesordnungspunkte auf, erteilt den einzelnen Rednern das Wort, fragt zum Beispiel auch nach, ob die Redner Zwischenfragen von Kollegen zulassen, und achtet darauf, dass die Redner insgesamt beim Thema bleiben und die ihnen zustehende Zeit nicht überziehen. Er kann Redner bei unparlamentarischen und ungebührlichen Äußerungen zur Ordnung rufen, sie rügen oder zeitweise von der Sitzungsteilnahme ausschließen. Außerdem hat der Präsident das Hausrecht inne und kann störende Zuschauer von der Tribüne verweisen.

Einmal in jeder Sitzungswoche tagt das Präsidium als Ganzes und bespricht Angelegenheiten, die die Leitung des Bundestages betreffen. Dazu gehören auch Personalentscheidungen, wichtige Verträge und die Öffentlichkeitsarbeit. Bei den Entscheidungen gilt das Mehrheitsprinzip.

WOLFGANG THIERSE

DR. NORBERT LAMMERT

DR. ANTJE VOLLMER

DR. H. C. SUSANNE KASTNER

DAS PRÄSIDIUM

Bundestagspräsident

WOLFGANG THIERSE SPD

Bundestagsvizepräsident

DR. NORBERT LAMMERT CDU/CSU

Bundestagsvizepräsidentin

DR. H. C. SUSANNE KASTNER SPD

Bundestagsvizepräsident

DR. HERMANN OTTO SOLMS FDP

Bundestagsvizepräsidentin

DR. ANTJE VOLLMER BÜNDNIS 90/DIE GRÜNEN

DR. HERMANN OTTO SOLMS

DR. HERMANN OTTO SOLMS | WOLFGANG THIERSE

DR. ANTJE VOLLMER

DR. H. C. SUSANNE KASTNER

DR. HERMANN OTTO SOLMS | DR. ANTJE VOLLMER | WOLFGANG THIERSE | DR. H. C. SUSANNE KASTNER | DR. NORBERT LAMMERT

Die Wahl und Vereidigung des Bundeskanzlers

WAHLKABINEN IM DEUTSCHEN BUNDESTAG. Es geht um den Bundeskanzler. Der soll sich absolut auf das Vertrauen der Mehrheit verlassen können – deshalb ist die Abstimmung geheim.

Auf die „Kanzlermehrheit" kommt es an

In den Wochen nach den Wahlen wird deutlich, wo das Grundgesetz den Bundestag aufgestellt hat: „in der zentralen Position zwischen der in der Bundestagswahl entscheidenden Bevölkerung und der handelnden, vom Parlament kontrollierten Regierung". Auf diese Formel hatte Bundestagspräsident Wolfgang Thierse die Abfolge der Wahlgänge gebracht: Die Regierung kommt erst nach der konstituierenden Sitzung des Parlaments zustande.

Und noch etwas wurde darin deutlich. Dass das Parlament nicht nur zentraler Ort der Debatte und des politischen Streites ist, sondern immer auch zentraler Ort der wichtigsten Entscheidungen. Oft genug sind die von gespannten Erwartungen begleitet. Besonders, wenn die Mehrheiten knapp sind. So muss der Bundeskanzler, um in dieses Amt zu kommen, nicht nur die Mehrheit der anwesenden Abgeordneten hinter sich haben, sondern die Mehrheit der Mitglieder des Bundestages. Diese so genannte „Kanzlermehrheit" beträgt bei 603 Mitgliedern des 15. Deutschen Bundestages folglich mindestens 302 Stimmen.

Gewählt wird ohne vorherige Aussprache. Und auch nicht einfach per Handaufheben, sondern geheim auf Stimmzetteln in Wahlkabinen. Das Ergebnis der Auszählung am 22. Oktober 2002 um 11.15 Uhr: 305 Ja-Stimmen, 292 Nein-Stimmen, 2 Enthaltungen. Gerhard Schröder war gewählt, aber noch nicht ernannt. Denn das nahm nun wiederum der Bundespräsident vor. Und erst danach leistete der Kanzler im Parlament seinen Eid – und war damit um 14.33 Uhr vollständig im Amt.

GRATULATION MIT BLUMEN, Händedruck und Applaus. SPD-Fraktionschef Franz Müntefering beglückwünscht Gerhard Schröder nach seiner Wahl zum Bundeskanzler.

ALLEIN AUF DER REGIERUNGSBANK – aber nicht lange. Der Kanzlerwahl am Morgen folgt am Nachmittag die Ernennung der Minister durch den Bundespräsidenten.

GESPANNTES WARTEN auf das Wahlergebnis: Gerhard Schröder mit Parteifreunden während des Auszählens der Stimmen zur Kanzlerwahl.

Die Bundesregierung

DAS MITEINANDER UND GEGENÜBER von Parlament und Regierung (rechts) kommt bereits in der Sitzordnung des Plenarsaales zum Ausdruck. In der Mitte das Rednerpult mit der Stenografenbank davor.

„Kraft dem Wohle des deutschen Volkes widmen“

Leitbild der Verfassung sind klare Verantwortlichkeiten. Der Bundeskanzler bestimmt die Richtlinien der Politik und trägt dafür die Verantwortung. Doch braucht er für die Regierungsarbeit Vertrauen und Unterstützung der Mehrheit des Bundestages. Das Parlament wiederum kontrolliert die Arbeit der Regierung. Die des Kanzlers ebenso wie die einzelner Minister, die im Auftrag des Kanzlers ihren Geschäftsbereich selbstständig und unter eigener Verantwortung leiten.

Wegen der Gesamtverantwortung des Kanzlers bestimmt dieser auch, wer ihn beim Regieren unterstützen soll, und schlägt daher dem Bundespräsidenten diejenigen Persönlichkeiten zur Ernennung vor, für die er sich – teilweise nach Absprache mit dem Koalitionspartner – entschieden hat. Deswegen werden die einzelnen Minister nicht vom Parlament gewählt, sondern vom Bundespräsidenten auf Vorschlag des Kanzlers ernannt.

Die besondere Kontrollfunktion des Bundestages und die Verantwortlichkeit aller Bundesminister dem Parlament gegenüber kommt auch darin zum Ausdruck, dass jedes Kabinettsmitglied nach seiner Ernennung vor dem Bundestag den Amtseid leisten muss. Das waren am 22. Oktober 2002 sieben Männer und sechs Frauen.

Ihnen las der Bundestagspräsident die Eidesformel vor: „Ich schwöre, dass ich meine Kraft dem Wohle des deutschen Volkes widmen, seinen Nutzen mehren, Schaden von ihm wenden, das Grundgesetz und die Gesetze des Bundes wahren und verteidigen, meine Pflichten gewissermaßen erfüllen und Gerechtigkeit gegen jedermann üben werde.“ Danach trat jeder Minister und jede Ministerin vor und sagte „Ich schwöre es“ oder „Ich schwöre es, so wahr mir Gott helfe“. Glückwünsche und Applaus beendeten diesen Sitzungstag. Die Sacharbeit konnte nun beginnen.

GERHARD SCHRÖDER

DIE BUNDESREGIERUNG

Bundeskanzler
GERHARD SCHRÖDER SPD

Bundesminister des Auswärtigen
JOSEPH FISCHER BÜNDNIS 90/DIE GRÜNEN

Bundesminister des Innern
OTTO SCHILY SPD

Bundesministerin der Justiz
BRIGITTE ZYPRIES SPD

Bundesminister der Finanzen
HANS EICHEL SPD

Bundesminister für Wirtschaft und Arbeit
WOLFGANG CLEMENT SPD

Bundesministerin für Verbraucherschutz, Ernährung und Landwirtschaft
RENATE KÜNAST BÜNDNIS 90/DIE GRÜNEN

Bundesminister der Verteidigung
DR. PETER STRUCK SPD

Bundesministerin für Familie, Senioren, Frauen und Jugend
RENATE SCHMIDT SPD

Bundesministerin für Gesundheit und Soziale Sicherung
ULLA SCHMIDT SPD

Bundesminister für Verkehr, Bau- und Wohnungswesen
DR. MANFRED STOLPE SPD

Bundesminister für Umwelt, Naturschutz und Reaktorsicherheit
JÜRGEN TRITTIN BÜNDNIS 90/DIE GRÜNEN

Bundesministerin für Bildung und Forschung
EDELGARD BULMAHN SPD

Bundesministerin für wirtschaftliche Zusammenarbeit und Entwicklung
HEIDEMARIE WIECZOREK-ZEUL SPD

Der Ältestenrat

WOLFGANG THIERSE | DR. H. C. SUSANNE KASTNER | DR. ANTJE VOLLMER | ROLF SCHWANITZ | WILHELM SCHMIDT

Lenken, koordinieren, schlichten

Die „Ältesten" des Parlaments sind nicht wirklich die an Jahren ältesten Abgeordneten. Aber sie gehören zu den Parlamentariern, die in der Regel viel Erfahrung im parlamentarischen Geschäft erworben haben. Denn das ist im Ältestenrat immer wieder gefragt. Er ist das zentrale Lenkungs- und Koordinierungsgremium des Bundestages und unterstützt den Bundestagspräsidenten bei der Führung der Geschäfte.

Der Bundestagspräsident ist Vorsitzender des Ältestenrates und leitet dessen Sitzungen. Auch seine Stellvertreter gehören dem Ältestenrat an. Zudem entsenden die einzelnen Fraktionen entsprechend ihrem Stärkeverhältnis insgesamt 23 Abgeordnete. Dabei achten sie darauf, dass ihre jeweiligen Parlamentarischen Geschäftsführer dazugehören. Denn eine Aufgabe des Ältestenrates ist die Vorbereitung der Tagesordnung für die nächsten Plenarsitzungen – und dazu leisten die Parlamentarischen Geschäftsführer der Fraktionen wichtige Vorarbeiten. Weil die anstehenden Themen häufig auch die Regierungsarbeit betreffen, nimmt als Vertreter der Bundesregierung auch ein Staatsminister des Bundeskanzleramtes an den Ältestenratssitzungen teil.

Nicht zuletzt kümmert sich der Ältestenrat um die inneren Angelegenheiten des Bundestages und berät den Präsidenten bei allen wichtigen Entscheidungen. Dafür hat der Ältestenrat mehrere Kommissionen gebildet, die sich unter anderem mit Fragen der Raumverteilung für Abgeordnete und ihre Fraktionen oder mit der technischen Ausstattung der Abgeordnetenbüros befassen. Auch die Aufstellung des Haushaltseinzelplans des Bundestages gehört zu den wichtigen Aufgaben des Ältestenrates. Schließlich ist der Ältestenrat auch ein Schlichtungsgremium, in dem streitige Fragen offen diskutiert und meistens zu einem Konsens gebracht werden. So kann es durchaus vorkommen, dass eine Plenarsitzung unterbrochen und der Ältestenrat zur Lösung der anstehenden Streitfrage einberufen werden muss.

VOLKER KAUDER

ÄLTESTENRAT

WOLFGANG THIERSE	Präsident
DR. H. C. SUSANNE KASTNER	Vizepräsidentin
DR. NORBERT LAMMERT	Vizepräsident
DR. ANTJE VOLLMER	Vizepräsidentin
DR. HERMANN OTTO SOLMS	Vizepräsident
DORIS BARNETT	SPD
NINA HAUER	
JOHANNES KAHRS	
HANS-PETER KEMPER	
UTE KUMPF	
DR. UWE KÜSTER	
SIEGFRIED SCHEFFLER	
WILHELM SCHMIDT	
ERIKA SIMM	
LYDIA WESTRICH	
ILSE FALK	CDU/CSU
DR. MARIA FLACHSBARTH	
MANFRED GRUND	
VOLKER KAUDER	
ECKART VON KLAEDEN	
DR. PETER RAMSAUER	
MICHAEL STÜBGEN	
WOLFGANG ZEITLMANN	
NORBERT KÖNIGSHOFEN	
VOLKER BECK	BÜNDNIS 90/DIE GRÜNEN
IRMINGARD SCHEWE-GERIGK	
ERNST BURGBACHER	FDP
JÖRG VAN ESSEN	
ROLF SCHWANITZ	Vertreter der Bundesregierung
DR. CHRISTINA WEISS	

VOLKER BECK

ERIKA SIMM

IRMINGARD SCHEWE-GERIGK

WOLFGANG THIERSE | DR. H. C. SUSANNE KASTNER

DR. ANTJE VOLLMER

DR. NORBERT LAMMERT

ROLF SCHWANITZ | WILHELM SCHMIDT

JÖRG VAN ESSEN

SIEGFRIED SCHEFFLER

ILSE FALK

MANFRED GRUND

UTE KUMPF

JOHANNES KAHRS | DORIS BARNETT

ERNST BURGBACHER | DR. HERMANN OTTO SOLMS

HANS-PETER KEMPER

LYDIA WESTRICH

DR. PETER RAMSAUER

ECKART VON KLAEDEN

DR. MARIA FLACHSBARTH | WOLFGANG ZEITLMANN | MICHAEL STÜBGEN

DR. UWE KÜSTER | NINA HAUER

Die Sitzordnung

603 Abgeordnete

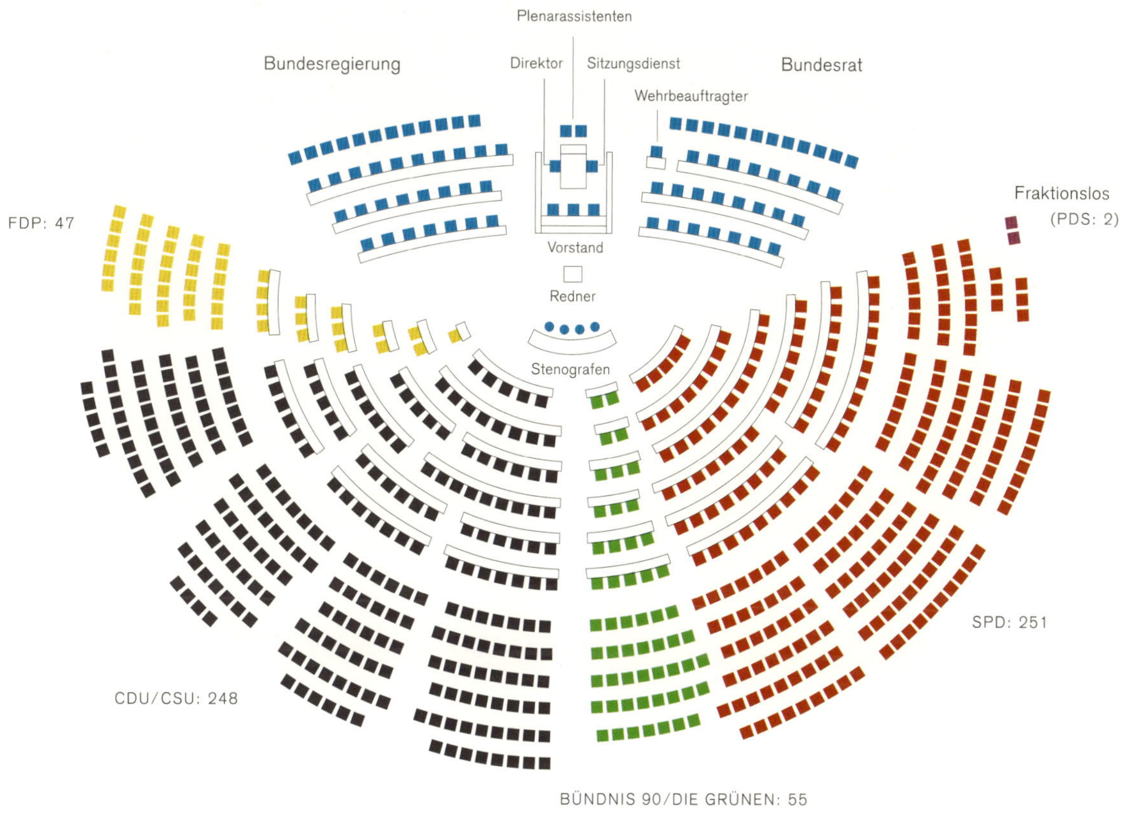

Immer wieder: Stühlerücken

Eine Wahl bewirkt vieles. Sie macht manche Fraktionen größer und manche kleiner. Mitunter lässt sie neue ins Parlament hinein und manche auch ganz aus dem Parlament verschwinden. Und so bedeutet der Neuanfang für jeden Bundestag zunächst einmal: Stühlerücken. Und zwar wörtlich. Denn die Abgeordneten sollen mit ihren Fraktionen auch im Plenum des Bundestages eine Einheit bilden. Gleichzeitig sollen sich die Mehrheitsverhältnisse schon auf den ersten Blick in der Sitzarchitektur widerspiegeln.

Vom Grundsatz her ist alles wie damals, in den französischen Deputiertenversammlungen, als sich die Unterscheidung zwischen „linken" und „rechten" Abgeordneten nach der damaligen Sitzordnung durchsetzte. Auch wenn dies den tatsächlichen Differenzierungen nicht unbedingt gerecht wird, war es im Grunde schon so in der Nationalversammlung der Paulskirche und auch schon im 1. Deutschen Bundestag 1949. Sozialdemokraten nehmen links vom Präsidenten bis in die Mitte hinein Platz, bürgerliche Parteien wie FDP und CDU/CSU rechts vom Präsidenten bis in die Mitte hinein. Die Grünen wurden bei ihrem Einzug in den Bundestag in der Mitte platziert, die PDS bei ihrem Einzug links von der SPD.

Zwischen dem 14. und dem 15. Bundestag waren besonders viele Stühle zu rücken. Nicht nur der Bundestag war deutlich verkleinert worden – von 669 auf 603 Abgeordnete. Auch die Stärkeverhältnisse hatten sich verändert: weniger Raum für die SPD, mehr für CDU/CSU, BÜNDNIS 90/DIE GRÜNEN und FDP. Und da die PDS an der Fünf-Prozent-Hürde scheiterte und auch nicht mindestens drei Direktmandate erzielen konnte, blieb für die beiden direkt gewählten PDS-Abgeordneten weder Fraktions- noch Gruppenstatus. Sie sitzen, wie viele andere Abgeordnete aus den anderen Fraktionen auch, in der hinteren Reihe des Plenums.

Im Plenum – Arbeit, Aufgaben, Aussprache

ORT DER ENTSCHEIDUNG Im Plenarsaal treffen Argumente aufeinander, werden unverbindliche Diskussionen in den Medien zu verbindlichen Regeln.

Lebendiger als sein Ruf

Das Plenum ist der zentrale Ort des Bundestages. Hier wird Parlamentsarbeit sichtbar. Hier entstehen die Gesetze, hier stellt die Regierung ihre Vorhaben vor, hier entwickelt die Opposition ihre Gegenentwürfe, hier werden die das Volk bewegenden Fragen debattiert – und zu Lösungsansätzen gebracht. Und hier wird aus dem Wählerwillen Regierungsverantwortung, denn die Vollversammlung wählt den Bundeskanzler.

Dreimal wird ein Entwurf im Plenum aufgerufen, bevor er vom Bundestag als Gesetz beschlossen wird. In der ersten Lesung werden die Grundzüge der Initiative besprochen und das Papier dann zur Detailberatung an die Fachausschüsse verwiesen. Von dort mit Empfehlungen versehen, wird es zur zweiten Lesung erneut zur Beratung mitsamt den vorgeschlagenen Änderungen auf die Tagesordnung gesetzt und dann in der dritten Lesung beschlossen – oder abgelehnt. Anlässe für Debatten sind auch Berichte der Regierung oder der parlamentseigenen Beauftragten. Herausragende Anlässe bilden Regierungserklärungen. Zur Routine gehören Befragungen der Regierung im Anschluss an die Kabinettssitzungen. Fragen von Abgeordneten werden einmal in der Woche beantwortet – und je nachdem, wie die Antworten ausfallen, kann sich daraus wieder eine Debatte entwickeln. Zur Redezeitverteilung haben sich die Fraktionen auf ein Orientierungsmuster verständigt: Pro Stunde stehen den Koalitionsfraktionen 32 Minuten zu, der CDU/CSU 24 und der FDP 6. Weil das 62 Minuten sind, spricht man von der „Berliner Stunde".

Für interessante Themen ist in der Regel die „Kernzeit" am Donnerstagvormittag reserviert. Mitunter geht es aber auch bis spät in die Nacht noch zur Sache. Viele Regelungen sind eingeführt worden, um „langweilige" Debatten in Grenzen zu halten: Aktuelle Stunden, Kurzdebatten, Zwischenfragen, Kurzinterventionen – all dieses trägt dazu bei, dass das Plenum oft lebendiger ist als sein Ruf.

PLENARASSISTENTEN beim Vorsortieren der maschinenlesbaren Stimmkarten für Namentliche Abstimmungen: 603 blaue für „Ja“, 603 rote für „Nein“, 603 weiße für „Enthaltung“.

DR. FRIEDBERT PFLÜGER

REINHOLD ROBBE

MONIKA BRÜNING | DR. UWE KÜSTER

UTE VOGT | INA LENKE | CHRISTEL HUMME | FLORIAN PRONOLD

OTTO SCHILY

PETER HINTZE

FRANZ MÜNTEFERING

DR. HERMANN OTTO SOLMS

HANS MARTIN BURY

JÜRGEN TRITTIN

INGO WELLENREUTHER

DR. HANS-ULRICH KRÜGER

WOLFGANG GROTTHAUS

THOMAS SAUER

DR. GEORG NÜSSLEIN

GEORG SCHIRMBECK

GROSSES MEDIENINTERESSE richtet sich oft auf den Ort der Vorentscheidungen in den Fraktionen, hier die Lobby auf der Fraktionsebene im Reichstagsgebäude.

ALBERT RUPPRECHT

HORST SCHMIDBAUER | ELKE FERNER

Die Fraktionen

RUND UM den Übergang vom Plenarsaal in die Kuppel sind in der dritten Etage des Reichstagsgebäudes die Fraktionen untergebracht – im Südosten die SPD, im Nordosten die CDU/CSU, im Nordwesten die FDP und im Südwesten BÜNDNIS 90/DIE GRÜNEN.

Bindeglied zwischen Parteien und Parlament

Fraktion – dem Wortstamm nach verwandt mit der „Fraktur" – bedeutet so viel wie „Bruch" oder „Bruchteil". Ihrer Funktion nach sind die Fraktionen Bindeglieder zwischen der grundgesetzlich gesicherten Mitwirkung der Parteien an der Willensbildung des Volkes und der Umsetzung in praktische Politik durch das Parlament.

Zur Bildung einer Fraktion im Bundestag bedarf es mindestens einer Stärke von fünf Prozent aller Mitglieder des Bundestages (gegenwärtig sind dies 31 Abgeordnete). Sie müssen durch gleiche politische Zielvorstellungen und – in aller Regel – auch gleiche Parteizugehörigkeit verbunden sein. Es können aber auch Angehörige verschiedener Parteien sein, die aufgrund gleich gerichteter Ziele in keinem Land miteinander im Wettbewerb stehen wie bei CDU und CSU.

Die Fraktionen haben einerseits einen hierarchischen Aufbau mit Vorsitz, Vorstand, Geschäftsführung und Sprechern. Ihre Mitglieder sind zugleich aber auch in viele verschiedene Arbeits- und Herkunftsbereiche unterteilt. Abgeordnete aus dem gleichen Bundesland finden sich in einer Landesgruppe zusammen, Abgeordnete mit dem selben fachlichen Schwerpunkt in einer Arbeitsgruppe oder einem Arbeitskreis.

Die Fachpolitiker bereiten jede Ausschusssitzung vor und berichten den Fraktionskollegen vom Stand der Beratungen. Wo es weniger um die Details als vielmehr um die Gesamtrichtung und wichtige Korrekturen geht, diskutiert die Fraktion insgesamt über ihren Kurs und stimmt darüber ab. So bleibt die Arbeitsfähigkeit erhalten, denn natürlich kann sich nicht jeder Abgeordnete in die Hintergründe und Zusammenhänge jedes einzelnen Gesetzes vertiefen. Er muss sich schon auf die Fachkunde seiner Kollegen verlassen, so wie die sich auf ihn verlassen.

WILHELM SCHMIDT | DR. UWE KÜSTER

JOACHIM POSS

DR. PETER STRUCK | GERNOT ERLER

FRANZ MÜNTEFERING

FRAKTION DER SPD

Fraktionsvorsitzender

FRANZ MÜNTEFERING

Stellvertretende Fraktionsvorsitzende

GERNOT ERLER
HANS-JOACHIM HACKER
NICOLETTE KRESSL
MICHAEL MÜLLER
JOACHIM POSS
GUDRUN SCHAICH-WALCH
DR. ANGELICA SCHWALL-DÜREN
LUDWIG STIEGLER

Erster Parlamentarischer Geschäftsführer

WILHELM SCHMIDT

Parlamentarische Geschäftsführer

NINA HAUER
UTE KUMPF
DR. UWE KÜSTER

DR. HANS-ULRICH KRÜGER | KARIN KORTMANN | AXEL SCHÄFER | LOTHAR BINDING

HANS-PETER KEMPER | UTE BERG | DIETER GRASEDIECK

DAGMAR FREITAG | DR. MICHAEL BÜRSCH

CAREN MARKS | HEDI WEGENER | KARIN EVERS-MEYER

CHRISTEL HUMME | KERSTIN GRIESE

Sprecherinnen und Sprecher
der Ausschuss-Arbeitsgruppen

Angelegenheiten der Europäischen Union
GÜNTER GLOSER

Außenpolitik
PROF. GERT WEISSKIRCHEN

Bildung und Forschung
JÖRG TAUSS

Familie, Senioren, Frauen und Jugend
CHRISTEL HUMME

Finanzen
JÖRG-OTTO SPILLER

Gesundheit und Soziale Sicherung
HELGA KÜHN-MENGEL

Haushalt
WALTER SCHÖLER

WALTER SCHÖLER

RAINER ARNOLD

UTE VOGT

DR. DIETER WIEFELSPÜTZ

LUDWIG STIEGLER

Inneres

DR. DIETER WIEFELSPÜTZ

Kultur und Medien

ECKHARDT BARTHEL

Menschenrechte und humanitäre Hilfe

RUDOLF BINDIG

Petitionen

GABRIELE LÖSEKRUG-MÖLLER

Recht

JOACHIM STÜNKER

Sicherheitsfragen

RAINER ARNOLD

Sport

DAGMAR FREITAG

Tourismus

BRUNHILDE IRBER

Umwelt, Naturschutz und Reaktorsicherheit

ULRIKE MEHL

Verbraucherschutz, Ernährung und Landwirtschaft

MATTHIAS WEISHEIT

Verkehr, Bau- und Wohnungswesen, Aufbau Ost

REINHARD WEIS

Wahlprüfung, Immunität und Geschäftsordnung

CHRISTINE LAMBRECHT

Wirtschaft und Arbeit

KLAUS BRANDNER

Wirtschaftliche Zusammenarbeit und Entwicklung

KARIN KORTMANN

VOLKER KRÖNING | UWE BECKMEYER

STEPHAN HILSBERG

ULRIKE MEHL

ACHIM GROSSMANN | GISELA SCHRÖTER | CHRISTINE LEHDER | PETRA HESS

HANS BÜTTNER

HANS-JOACHIM HACKER | GUDRUN SCHAICH-WALCH

HANS EICHEL

DR. H. C. SUSANNE KASTNER | WOLFGANG CLEMENT | DR. PETER STRUCK

ILSE FALK

PROF. DR. MARIA BÖHMER

FRAKTION DER CDU/CSU

Vorsitzende

DR. ANGELA MERKEL

Erster Stellvertretender Vorsitzender
Vorsitzender der CSU-Landesgruppe

MICHAEL GLOS

Stellvertretende Vorsitzende

DR. WOLFGANG SCHÄUBLE

WOLFGANG BOSBACH

FRIEDRICH MERZ

HORST SEEHOFER

PROF. DR. MARIA BÖHMER

DR. KLAUS W. LIPPOLD

GERDA HASSELFELDT

ARNOLD VAATZ

Erster Parlamentarischer Geschäftsführer

VOLKER KAUDER

Stellvertreter des Ersten
Parlamentarischen Geschäftsführers

DR. PETER RAMSAUER

Parlamentarische Geschäftsführerin

ILSE FALK

Parlamentarischer Geschäftsführer

MANFRED GRUND

Parlamentarischer Geschäftsführer

ECKART VON KLAEDEN

Justiziare

RONALD POFALLA

DR. HANS-PETER FRIEDRICH

DR. ANGELA MERKEL

KARL-JOSEF LAUMANN | HUBERT HÜPPE

VERONIKA BELLMANN

WILHELM-JOSEF SEBASTIAN

LAURENZ MEYER | HORST SEEHOFER

WOLFGANG BÖRNSEN | OTTO BERNHARDT

MARIE-LUISE DÖTT | HARTMUT SCHAUERTE

VOLKER KAUDER

JOHANNES SINGHAMMER | RENATE BLANK

FRIEDRICH MERZ

DR. WOLFGANG SCHÄUBLE

UDA HELLER

PROF. DR. DR. H. C. HEINZ RIESENHUBER

NORBERT SCHINDLER

HILDEGARD MÜLLER | DR. MICHAEL FUCHS

PETER RAUEN

ERICH G. FRITZ

PETER BLESER | ALBRECHT FEIBEL

BARTHOLOMÄUS KALB

DR. PETER RAMSAUER

MICHAEL GLOS

DAGMAR WÖHRL

WOLFGANG ZÖLLER | ALBERT DESS

DR. HANS-PETER UHL

THOMAS SILBERHORN

HARTMUT KOSCHYK

RENATE KÜNAST

JERZY MONTAG | DR. REINHARD LOSKE
JOSEF PHILIP WINKLER

IRMINGARD SCHEWE-GERIGK | VOLKER BECK | KATRIN GÖRING-ECKARDT | KRISTA SAGER

FRAKTION BÜNDNIS 90 / DIE GRÜNEN

Vorsitzende
KATRIN GÖRING-ECKARDT
KRISTA SAGER

Erster Parlamentarischer Geschäftsführer
VOLKER BECK

Parlamentarische Geschäftsführerin
EKIN DELIGÖZ

Parlamentarische Geschäftsführerin
IRMINGARD SCHEWE-GERIGK

Vorstandsmitglied
DR. ANTJE VOLLMER

Stellvertretende Fraktionsvorsitzende und Koordinatoren der Arbeitskreise der Fraktion

Wirtschaft, Arbeit, Soziales, Finanzen und Haushalt
DR. THEA DÜCKERT

Umwelt, Infrastruktur, Verbraucherschutz und Agrar, Tourismus und Sport
DR. REINHARD LOSKE

Innen, Recht, Bildung, Frauen, Jugend
HANS-CHRISTIAN STRÖBELE

Internationale Politik und Menschenrechte
WINFRIED NACHTWEI

ANJA HAJDUK

JUTTA DÜMPE-KRÜGER | DR. ANTJE VOLLMER | DR. USCHI EID | WERNER SCHULZ

FRANZISKA EICHSTÄDT-BOHLIG

HANS-JOSEF FELL

REZZO SCHLAUCH | FRITZ KUHN

ANNA LÜHRMANN

EKIN DELIGÖZ

CLAUDIA ROTH

CORNELIA BEHM

KATRIN GÖRING-ECKARDT | KRISTA SAGER

KERSTIN ANDREAE

MARKUS KURTH | WINFRIED HERMANN | CHRISTA NICKELS

ANTJE HERMENAU

CARL-LUDWIG THIELE | DR. HERMANN OTTO SOLMS

RAINER BRÜDERLE

JÖRG VAN ESSEN

FRAKTION DER FDP

Vorsitzender

DR. WOLFGANG GERHARDT

Stellvertretende Vorsitzende

RAINER BRÜDERLE

BIRGIT HOMBURGER

DR. WERNER HOYER

CARL-LUDWIG THIELE

Parlamentarische Geschäftsführer

JÖRG VAN ESSEN

ERNST BURGBACHER

JÜRGEN KOPPELIN

Vorstandsmitglied

DR. HERMANN OTTO SOLMS

Vorsitzende der Arbeitskreise

Außen-, Sicherheits-, Europa- und Entwicklungspolitik

DR. WERNER HOYER

Wirtschafts-, Finanz- und Agrarpolitik

RAINER BRÜDERLE

Arbeits- und Sozialpolitik, Gesundheitspolitik, Familien-, Senioren-, Frauen- und Jugendpolitik

DR. HEINRICH L. KOLB

Innen- und Rechtspolitik

RAINER FUNKE

Umwelt-, Verkehrs-, Wohnungsbau-, Bildungs- und Forschungspolitik

HORST FRIEDRICH

DR. WOLFGANG GERHARDT

JÜRGEN KOPPELIN

CORNELIA PIEPER

ERNST BURGBACHER

OTTO FRICKE

GÜNTHER FRIEDRICH NOLTING

HORST FRIEDRICH

HANS-JOACHIM OTTO | DR. GÜNTER REXRODT

DR. HEINRICH L. KOLB

DR. WERNER HOYER | BIRGIT HOMBURGER

RAINER FUNKE

SIBYLLE LAURISCHK | HARALD LEIBRECHT | DIRK NIEBEL

Die Ausschussarbeit im Paul-Löbe-Haus

Das Paul-Löbe-Haus

WIE EIN MOTOR mit acht Zylindern: Das Paul-Löbe-Haus mit seinen Sitzungssälen für die Ausschüsse in den seitlichen Rotunden.

Kern des Arbeitsparlaments

Ein Achtzylinder verfügt über viele Pferdestärken und macht gehörig Power. So wie das Paul-Löbe-Haus. Denn der mit seinen acht Rotunden einem Hochleistungsmotor ähnelnde Neubau bringt viel PS – parlamentarische Stärke – in die Arbeit des Bundestages. Das Paul-Löbe-Haus ist Teil im „Band des Bundes", setzt also die am Kanzleramt beginnende Ost-West-Linie bis zum Spree-Sprung fort, wo sich das „Band" im Marie-Elisabeth-Lüders-Haus als sinnvolle funktionale Ergänzung der Arbeit im Paul-Löbe-Haus in den früheren Osten der Stadt einfindet.

Zwar sind in dem rund 100 mal 200 Meter messenden imposanten Gebäude auch 170 Abgeordnetenbüros untergebracht, daneben ist aber auch Platz für die besonders öffentlichkeitswirksamen Bereiche der Bundestagsverwaltung. Doch bildet das Haus den Kern des eigentlichen Arbeitsparlaments: die Ausschussorganisation. In den Rotunden ist Platz für die 21 ständigen Ausschüsse des Bundestages. Alle Sitzungssäle erstrecken sich über zwei Etagen: unten die Abgeordneten, die Fraktionsreferenten, die Sachverständigen und Regierungsvertreter, oben Raum für Publikum, falls die Nichtöffentlichkeit aufgehoben wird und ein Ausschuss dem eindeutigen Trend zu größerer Transparenz folgt. Die völlige Neukonzeption ermöglicht ein Tagen auf dem Stand der Technik: Moderne Konferenztechnik ist überall von Anfang an integriert. Durch die großen Glasflächen bekommen auch Passanten einen Eindruck vom Fleiß der Abgeordneten. Besonders demonstrativ in den Zeiten von Dämmerung und Nacht, wenn die Fachgremien weithin sichtbar noch beraten.

Die Ausschusssitzungen selbst sind aber nur ein Ausschnitt der zu leistenden Arbeit. Jedes Treffen muss intensiv vorbereitet werden. Deshalb sind die Ausschusssekretariate und die Büros der Ausschussvorsitzenden in unmittelbarer Nähe jeweils in den so genannten „Kammflügeln" zwischen den Rotunden untergebracht. Kurze Wege erleichtern die Kommunikation. Hier ist auch Platz für Besprechungsräume und weitere Mitarbeiter, die die Arbeit der Ausschüsse begleiten. Zum großen Innenhof hin ist vor den Ausschussbereichen jeweils eine kleine Lobby entstanden, wo Minister und andere Gäste auf ihren Auftritt im Ausschuss warten und informelle Gespräche am Rande führen können.

KLEINE PAUSE in einer kleinen Sitzecke vor dem großen Europasaal des Paul-Löbe-Hauses.

Ein Ausschuss fällt inhaltlich wie architektonisch aus dem Rahmen: Der Ausschuss für die Angelegenheiten der Europäischen Union ist in der Folge der Maastrichter EU-Vereinbarungen direkt in die Europa-Politik eingebunden worden. Wie der Haushaltsausschuss sich um die Haushaltsbelange aller Ministerien kümmert, hat es auch der Europa-Ausschuss mit allen Ministerien und deren jeweiligen Europa-Bezügen zu tun. Und er kann selbstständig verbindliche Beschlüsse fassen. Seine herausgehobene Stellung kommt durch die Unterbringung in einem großen Rundbau direkt an der Spree zum Ausdruck. Deutlich größer als die übrigen Ausschusssitzungssäle ist er mit Dolmetscherkabinen und weiteren Technikräumen in der Lage, auch internationale Konferenzen aufzunehmen. Der gut 260 Quadratmeter messende „Europasaal" zeigt somit sowohl die wachsende Bedeutung Europas für die deutsche Politik als auch den gewachsenen Einfluss des Parlaments auf die deutsche Außenpolitik.

Brückenschlag über die Spree

Die Verbindung über die Spree mit zwei Brücken eröffnet historische Perspektiven, die im Paul-Löbe-Haus doppelt unterstrichen werden. Der Brückenschlag dokumentiert in seiner nicht nur symbolischen, sondern auch alltäglichen Nutzung zwischen Ausschussarbeit auf der einen und Bibliothek und Wissenschaftlichem Dienst auf der anderen Seite die Überwindung der deutschen Teilung. Zugleich halten in den Neubau integrierte Reste der Mauer die Erinnerung an Todesstreifen und Schießbefehl wach.

Das aber ist nicht beherrschend. Beim Speisen im auch für Besucher zugänglichen Restaurant und beim Gang durch den lichten, großen, acht Stockwerke in die Höhe ragenden Innenhof fällt der Blick auf die Spree und die Fortsetzung der Bebauung auf der gegenüberliegenden Flussseite. Manches Schiff scheint beinahe durch die Bundestagsbauten zu schwimmen. Ein eindrucksvolles Zeugnis für die offene Bauphilosophie des Parlaments. Und damit ein guter Ort für die Unterbringung der Öffentlichkeitsarbeiter des Bundestages und des Besucherdienstes. Sie erfreuen sich seit Jahren wachsender Nachfrage aus der Bevölkerung. Der Reichstag mit Kuppelblick ist zum Renner unter Berlin-Besuchern geworden, und auch der Besuch während Plenardebatten ist begehrt. Weit mehr als eine halbe Million Menschen will inzwischen Jahr für Jahr persönlich Einsicht in das Funktionieren der Volksvertretung nehmen, sich die Vorgänge erklärt bekommen und ein eigenes Bild gewinnen.

Der große Innenhof bietet sich für verschiedenste Anlässe an. Kunstausstellungen, Festversammlungen – alles ist möglich und attraktiv. Bei der letzten Bundestagswahl wurde das Paul-Löbe-Haus zu einer kleinen TV-Budenstadt. In der Nähe des Bundeswahlleiters hatten die Fernsehanstalten hier viele einzelne kleine Studios und Redaktionsräume eingerichtet.

Was man selten sehen kann: Das Paul-Löbe-Haus ist fest in das Ökosystem der Bundestagsbauten integriert. So wird die große Dachfläche für die Energiegewinnung durch Sonnenkollektoren genutzt. 3.230 Quadratmeter misst diese Photovoltaik-Anlage, und die Solarmodule dienen dabei zugleich als Verschattungselemente. Die weitere Versorgung geschieht aus dem benachbarten Reichstagsgebäude, in dessen Keller ein mit Biodiesel betriebenes Blockheizkraftwerk für Heizung und Kühlung sorgt – und sich dafür auch eines tief ins Erdreich reichenden Speichersystems bedient. Zudem ist das Paul-Löbe-Haus unterirdisch an das Tunnel- und Versorgungssystem unter dem Parlamentsviertel angebunden, über das auch der Achtzylinder Nachschub erhält für seine Arbeit als Motor des Parlaments.

GLÄSERNE AUFZÜGE und Brücken stellen die Verbindung zwischen den Stockwerken und Flügeln des Paul-Löbe-Hauses her.

DURCH ZWEI EBENEN dokumentiert jeder Ausschusssitzungssaal den Willen des Hauses zur Öffnung, wann immer dies möglich ist. Denn in der oberen Etage ist Platz für Besucher. Zudem können die Sitzungen aus einigen Sitzungssälen per TV-Kameras im Parlamentskanal übertragen werden.

Die Ausschüsse und Gremien

IM GROSSEN RUND behalten die Fachausschüsse alle Fragen, Vorgänge und Vorhaben in ihrem Zuständigkeitsbereich im Blick.

Gesetzgebung und Kontrolle im Detail

Das Plenum tagt zwar lang und oft, den Schwerpunkt seiner Arbeit leistet der Bundestag jedoch in Gremien, die zumeist nicht ins Bewusstsein der Öffentlichkeit gelangen. Über den Daumen gepeilt liegt das Verhältnis zwischen Plenar- zu Ausschusssitzungen bei 1:10. Deshalb ist der Bundestag mehr Arbeits- als Redeparlament. Gerade in den zumeist nicht öffentlichen Ausschusssitzungen werden Gesetzgebung und Kontrolle besonders intensiv wahrgenommen. Von nahe liegenden Ausnahmen abgesehen, die sich etwa auf die innere und äußere Sicherheit beziehen, gibt es jedoch auch bei den 21 ständigen Ausschüssen einen Trend zu mehr Öffentlichkeit. Besonders die Anhörungen von Experten finden auf diese Weise auch öffentlichen Widerhall.

Einige Ausschüsse sind von der Verfassung vorgeschrieben. Das sind der Auswärtige Ausschuss, der Verteidigungsausschuss, der Ausschuss für Angelegenheiten der Europäischen Union und der Petitionsausschuss. Weil das Parlament zudem das Budgetrecht besitzt, versteht sich auch die Bildung eines Haushaltsausschusses von selbst. Und wenn es um den Anspruch auf Wahlprüfung und die Optimierung der Abläufe geht, ist auch ein Ausschuss für Wahlprüfung, Immunität und Geschäftsordnung nahe liegend. Wie ein Spiegel stehen Fachausschüsse den einzelnen Ministerien gegenüber. Darüber hinaus ist das Parlament frei, besondere Politikbereiche herauszuheben. So geschieht es etwa beim Sportausschuss, dem Tourismusausschuss, dem Ausschuss für Menschenrechte und humanitäre Hilfe und dem Ausschuss für Kultur und Medien.

Jeder Ausschuss kann die Themen innerhalb seines Fachbereiches selbst wählen. In den meisten Gremien geht es jedoch in erster Linie um die Bearbeitung der vom Plenum überwiesenen Vorlagen – entweder federführend oder zur ergänzenden Mitberatung.

THOMAS STROBL

ERIKA SIMM

Ein Gremium mit drei Tätigkeitsfeldern: Es garantiert den Anspruch des Bürgers, Einwände gegen die Wahlen zum Deutschen Bundestag (und vorübergehend auch noch zum Europäischen Parlament) überprüfen zu lassen. Es kümmert sich um das Immunitätsrecht der Abgeordneten, das sie vor ungerechtfertigter Strafverfolgung schützen und die Funktionsfähigkeit des Parlaments wahren soll. Im eigentlichen Schwerpunkt der Ausschussarbeit geht es darum, Streitigkeiten über die Auslegung der Geschäftsordnung zu entscheiden sowie das Geschäftsordnungs- und Parlamentsrecht bei Reformbedarf anzupassen.

AUSSCHUSS FÜR WAHLPRÜFUNG, IMMUNITÄT UND GESCHÄFTSORDNUNG

ERIKA SIMM	Vorsitzende
THOMAS STROBL	Stellvertretender Vorsitzender
HERMANN BACHMAIER	SPD
DR. UWE KÜSTER	
CHRISTINE LAMBRECHT	
PETRA-EVELYNE MERKEL	
KARSTEN SCHÖNFELD	
ERIKA SIMM	
DR. DIETER WIEFELSPÜTZ	
DR. HANS-PETER FRIEDRICH	CDU/CSU
MANFRED GRUND	
ECKART VON KLAEDEN	
RONALD POFALLA	
DR. OLE SCHRÖDER	
THOMAS STROBL	
VOLKER BECK	BÜNDNIS 90/DIE GRÜNEN
JÖRG VAN ESSEN	FDP

THOMAS STROBL | DR. HANS-PETER FRIEDRICH | DR. OLE SCHRÖDER | ECKART VON KLAEDEN

JÜRGEN KOPPELIN

KARSTEN SCHÖNFELD | CHRISTINE LAMBRECHT

HERMANN BACHMAIER

GÜNTER BAUMANN | KLAUS HAGEMANN | GABRIELE LÖSEKRUG-MÖLLER
DR. KARLHEINZ GUTTMACHER | DR. VOLKER WISSING

Man nennt ihn auch den „Seismografen" des Parlaments. Denn er zeichnet am unmittelbarsten die Stimmung in der Bevölkerung auf und bekommt am besten vermittelt, ob die Gesetze das beabsichtigte Ziel erreichen oder zu neuen Problemen führen und deshalb kritisch überprüft werden sollten. Jeder hat nach der Verfassung das Recht, sich an die Volksvertretung zu wenden. Davon wird lebhaft Gebrauch gemacht. Im Schnitt erreichen den Bundestag täglich 50 Eingaben, die alle nachgeprüft werden und häufig dazu führen, dass Mängel abgestellt werden. Denn dieser Ausschuss kann Akten anfordern, Informationen verlangen, Zeugen und Sachverständige anhören und Verwaltungsbehörden um Amtshilfe ersuchen.

DR. KARLHEINZ GUTTMACHER

PETITIONSAUSSCHUSS

DR. KARLHEINZ GUTTMACHER	Vorsitzender
KLAUS HAGEMANN	Stellvertretender Vorsitzender

GABRIELE FRECHEN	SPD
UWE GÖLLNER	
KLAUS HAGEMANN	
KLAUS WERNER JONAS	
ROLF KRAMER	
GABRIELE LÖSEKRUG-MÖLLER	
CAREN MARKS	
HILDE MATTHEIS	
MARLENE RUPPRECHT	
SWEN SCHULZ	
LYDIA WESTRICH	

GÜNTER BAUMANN	CDU/CSU
VERA DOMINKE	
HOLGER-HEINRICH HAIBACH	
SIEGFRIED KAUDER	
SIBYLLE PFEIFFER	
HANNELORE ROEDEL	
ANDREAS SCHEUER	
KURT SEGNER	
JENS SPAHN	
GERO STORJOHANN	

URSULA SOWA	BÜNDNIS 90/DIE GRÜNEN
JOSEF PHILIP WINKLER	

DR. KARLHEINZ GUTTMACHER	FDP
DR. VOLKER WISSING	

JOSEF PHILIP WINKLER

URSULA SOWA

KLAUS HAGEMANN | LYDIA WESTRICH

GÜNTER BAUMANN

GABRIELE LÖSEKRUG-MÖLLER

VOLKER RÜHE

HANS-ULRICH KLOSE

AUSWÄRTIGER AUSSCHUSS

VOLKER RÜHE	Vorsitzender
HANS-ULRICH KLOSE	Stellvertretender Vorsitzender
HANS BÜTTNER	SPD
DETLEF DZEMBRITZKI	
PETRA ERNSTBERGER	
MONIKA HEUBAUM	
JELENA HOFFMANN	
HANS-ULRICH KLOSE	
MARKUS MECKEL	
DR. ROLF MÜTZENICH	
VOLKER NEUMANN	
DIETMAR NIETAN	
JOHANNES ANDREAS PFLUG	
RUDOLF SCHARPING	
DR. HERMANN SCHEER	
PROF. GERT WEISSKIRCHEN	
UTA ZAPF	
DR. CHRISTOPH ZÖPEL	
DR. WOLFGANG BÖTSCH	CDU/CSU
ANKE EYMER	
ERICH G. FRITZ	
KARL-THEODOR FREIHERR ZU GUTTENBERG	
KLAUS-JÜRGEN HEDRICH	
JOACHIM HÖRSTER	
CLAUDIA NOLTE	
DR. FRIEDBERT PFLÜGER	
RUPRECHT POLENZ	
DR. KLAUS ROSE	
VOLKER RÜHE	
BERND SCHMIDBAUER	
DR. ANDREAS SCHOCKENHOFF	
DR. HANS-PETER UHL	
WILLY WIMMER	
CLAUDIA ROTH	BÜNDNIS 90/DIE GRÜNEN
MARIANNE TRITZ	
DR. LUDGER VOLMER	
DR. WERNER HOYER	FDP
HARALD LEIBRECHT	
DR. RAINER STINNER	

MARKUS MECKEL | MONIKA HEUBAUM

DR. FRIEDBERT PFLÜGER

PROF. GERT WEISSKIRCHEN

DR. LUDGER VOLMER

HARALD LEIBRECHT | DR. WERNER HOYER

DR. RAINER STINNER

Ihm kommt die Kernaufgabe zu, die auswärtige Regierungspolitik vor allem im Vorfeld wichtiger außen- und sicherheitspolitischer Entscheidungen zu begleiten. In seinem Arbeitsspektrum drückt sich die gewachsene internationale Verantwortung Deutschlands aus, sichtbar auch in den Auslandseinsätzen deutscher Soldaten. Jede Mission, an der sich die deutschen Streitkräfte beteiligen, bedarf der vorherigen parlamentarischen Zustimmung – alle darauf abzielenden Anträge werden in diesem Ausschuss federführend beraten. Gesetzgebungsarbeit leistet er bei Ratifikationsgesetzen zu völkerrechtlichen Verträgen, wobei es nicht um einzelne Formulierungen gehen kann, sondern nur um Zustimmung oder Ablehnung.

MARIANNE TRITZ

HARTMUT BÜTTNER

DR. CORNELIE SONNTAG-WOLGAST

SILKE STOKAR VON NEUFORN

Durch seine Themenfelder belegt der Innenausschuss in besonderer Weise die Parallelität von Parlament und Regierung. So wie das Innenministerium sämtliche Angelegenheiten der Innenpolitik und der Verwaltung des Bundes wahrnimmt, die nicht ausdrücklich einem anderen Fachministerium übertragen sind, kümmert sich der Innenausschuss um alle diese Aspekte, für die kein anderer Fachausschuss die Federführung hat. Dokumente und Unterrichtungen der europäischen Gremien spielen dabei eine immer größere Rolle. Dies gilt für die Asyl- und Flüchtlingspolitik, den Datenschutz, die Kriminalitätsbekämpfung und viele weitere Bereiche der Innenpolitik.

DR. MAX STADLER

THOMAS STROBL

JOSEF PHILIP WINKLER | DR. DIETER WIEFELSPÜTZ

INNENAUSSCHUSS

DR. CORNELIE SONNTAG-WOLGAST	Vorsitzende
HARTMUT BÜTTNER	Stellvertretender Vorsitzender

DR. LALE AKGÜN	SPD
DR. MICHAEL BÜRSCH	
SEBASTIAN EDATHY	
MARGA ELSER	
GABRIELE FOGRASCHER	
LILO FRIEDRICH	
MICHAEL HARTMANN	
GISELA HILBRECHT	
FRANK HOFMANN	
HANS-PETER KEMPER	
TOBIAS MARHOLD	
GEROLD REICHENBACH	
DR. CORNELIE SONNTAG-WOLGAST	
RÜDIGER VEIT	
DR. DIETER WIEFELSPÜTZ	
BARBARA WITTIG	
GÜNTER BAUMANN	CDU/CSU
CLEMENS BINNINGER	
HARTMUT BÜTTNER	
NORBERT GEIS	
ROLAND GEWALT	
RALF GÖBEL	
REINHARD GRINDEL	
HARTMUT KOSCHYK	
KRISTINA KÖHLER	
DOROTHEE MANTEL	
ERWIN MARSCHEWSKI	
STEPHAN MAYER	
BEATRIX PHILIPP	
DR. OLE SCHRÖDER	
THOMAS STROBL	
VOLKER BECK	BÜNDNIS 90/DIE GRÜNEN
SILKE STOKAR VON NEUFORN	
JOSEF PHILIP WINKLER	
ERNST BURGBACHER	FDP
GISELA PILTZ	
DR. MAX STADLER	
PETRA PAU	Beratendes Mitglied

REINHOLD HEMKER

DR. PETER DANCKERT

Die Zuständigkeiten des Sportausschusses korrespondieren mit Teilaufgaben des Bundesministeriums des Innern. Im Mittelpunkt der Ausschussarbeit stehen Fragen des Hochleistungssports, der Sportwissenschaft und immer häufiger der Wechselwirkungen von Sport und Umwelt. Schwerpunkte seiner Arbeit in der 15. Wahlperiode sind der Behindertensport, die Situation des Schulsports, die Dopingbekämpfung, die Förderung des Sportstättenbaus in den neuen Bundesländern und die Novellierung des Bundesnaturschutzgesetzes. Nachdem der Sport im Rahmen einer gemeinsamen Erklärung Eingang in den Vertrag von Amsterdam (Maastricht II) gefunden hat, gehen die Bemühungen weiter, den Sport im Rahmen eines eigenen Artikels im Vertragswerk zu verankern.

JÜRGEN WIECZOREK

HANS BÜTTNER | CHRISTINE LEHDER

DETLEF PARR | KLAUS RIEGERT | DAGMAR FREITAG | PETER RAUEN | WINFRIED HERMANN

KLAUS RIEGERT

GERLINDE KAUPA | BERND HEYNEMANN

SPORTAUSSCHUSS

PETER RAUEN	Vorsitzender
DR. PETER DANCKERT	Stellvertretender Vorsitzender
HANS BÜTTNER	SPD
DR. PETER DANCKERT	
DAGMAR FREITAG	
WOLFGANG GROTTHAUS	
CHRISTINE LEHDER	
GÖTZ-PETER LOHMANN	
JÜRGEN WIECZOREK	
EBERHARD GIENGER	CDU/CSU
BERND HEYNEMANN	
GERLINDE KAUPA	
PETER LETZGUS	
PETER RAUEN	
KLAUS RIEGERT	
WINFRIED HERMANN	BÜNDNIS 90/DIE GRÜNEN
DETLEF PARR	FDP

Der Rechtsausschuss berät in eigener Zuständigkeit Gesetzesvorlagen aus den Bereichen Zivil-, Straf- und Wirtschaftsrecht bis hin zum Prozessrecht und dem Gebiet der gesamten sonstigen Rechtspflege. Dabei achtet er mit fachkundigen Augen – viele Mitglieder des Rechtsausschusses sind ausgebildete Juristen – darauf, dass die Gesetzessprache rechtsförmlich und verfassungsgemäß ist. Häufig kommt es vor, dass er eine Änderung einzelner Gesetzesbestimmungen vor der Schlussabstimmung empfiehlt. In bestimmten Verfahren vor dem Bundesverfassungsgericht, etwa in Normenkontroll- und Organstreitverfahren, empfiehlt er dem Deutschen Bundestag, sich an dem Verfahren zu beteiligen oder eine Stellungnahme abzugeben. Zur näheren Beratung von Vorlagen aus dem Bereich der Europäischen Union hat der Ausschuss einen Unterausschuss Europarecht eingesetzt.

DR. WOLFGANG GÖTZER

JOACHIM STÜNKER

RECHTSAUSSCHUSS

ANDREAS SCHMIDT	Vorsitzender
HERMANN BACHMAIER	Stellvertretender Vorsitzender

HERMANN BACHMAIER	SPD
SABINE BÄTZING	
BERNHARD BRINKMANN	
DR. MICHAEL BÜRSCH	
ANETTE KRAMME	
ERNST KRANZ	
VOLKER KRÖNING	
CHRISTINE LAMBRECHT	
DIRK MANZEWSKI	
AXEL SCHÄFER	
OLAF SCHOLZ	
ERIKA SIMM	
CHRISTOPH STRÄSSER	
JOACHIM STÜNKER	
DR. JÜRGEN GEHB	CDU/CSU
DR. WOLFGANG GÖTZER	
UTE GRANOLD	
MICHAEL GROSSE-BRÖMER	
SIEGFRIED KAUDER	
DR. GÜNTER KRINGS	
DANIELA RAAB	
DR. NORBERT RÖTTGEN	
ANDREAS SCHMIDT	
ANDREA ASTRID VOSSHOFF	
MARCO WANDERWITZ	
INGO WELLENREUTHER	
WOLFGANG ZEITLMANN	
JERZY MONTAG	BÜNDNIS 90/DIE GRÜNEN
IRMINGARD SCHEWE-GERIGK	
HANS-CHRISTIAN STRÖBELE	
JÖRG VAN ESSEN	FDP
RAINER FUNKE	
SIBYLLE LAURISCHK	

HERMANN BACHMAIER

JERZY MONTAG

ANDREAS SCHMIDT

SIBYLLE LAURISCHK

RAINER FUNKE

CHRISTINE SCHEEL

CARL-LUDWIG THIELE

PROF. DR. ANDREAS PINKWART

JÖRG-OTTO SPILLER

FINANZAUSSCHUSS

CHRISTINE SCHEEL	Vorsitzende
CARL-LUDWIG THIELE	Stellvertretender Vorsitzender
INGRID ARNDT-BRAUER	SPD
LOTHAR BINDING	
GABRIELE FRECHEN	
DIETER GRASEDIECK	
STEPHAN HILSBERG	
DR. HANS-ULRICH KRÜGER	
FLORIAN PRONOLD	
ORTWIN RUNDE	
BERND SCHEELEN	
HORST SCHILD	
REINHARD SCHULTZ	
JÖRG-OTTO SPILLER	
SIMONE VIOLKA	
LYDIA WESTRICH	
OTTO BERNHARDT	CDU/CSU
LEO DAUTZENBERG	
GEORG FAHRENSCHON	
KLAUS-PETER FLOSBACH	
MANFRED KOLBE	
DR. MICHAEL MEISTER	
HANS MICHELBACH	
STEFAN MÜLLER	
PETER RZEPKA	
NORBERT SCHINDLER	
HEINZ SEIFFERT	
CHRISTIAN FRHR. VON STETTEN	
ELKE WÜLFING	
KERSTIN ANDREAE	BÜNDNIS 90/DIE GRÜNEN
CHRISTINE SCHEEL	
HUBERT ULRICH	
PROF. DR. ANDREAS PINKWART	FDP
DR. HERMANN OTTO SOLMS	
CARL-LUDWIG THIELE	

LOTHAR BINDING | GABRIELE FRECHEN | ORTWIN RUNDE | DIETER GRASEDIECK

HEINZ SEIFFERT

KERSTIN ANDREAE

DR. MICHAEL MEISTER

Steuergesetze müssen solide und gerecht gemacht sein, denn wirklich gern zahlt wohl niemand seine Steuern. Deshalb bittet der Finanzausschuss häufig Sachverständige, ihre Einschätzung dazu abzugeben, wie sich geplante Steuergesetze in der Praxis auswirken könnten. Und deshalb sehen Gesetzentwürfe nach den Anhörungen, den Ausschussberatungen und dem Abgleich mit dem praktischen Wissen der Abgeordneten anders aus als in ihrem ersten Entwurf. Steuerschätzungen sind regelmäßig Themen im Ausschuss und bei schlechten Schätzergebnissen nicht selten Ausgangspunkte für neue Initiativen. Wichtige Themen bleiben zudem die Steuervereinfachung, die Umsetzung und Übernahme der europäischen Verordnungen und Richtlinien zum europäischen Binnenmarkt sowie die Währungs- und Geldmarktpolitik der Europäischen Zentralbank (EZB), des Internationalen Währungsfonds (IWF) und der Weltbank.

DIETRICH AUSTERMANN | WALTER SCHÖLER | MANFRED CARSTENS
ANJA HAJDUK | JÜRGEN KOPPELIN

Nichts geht ohne Geld. Und nach der Verfassung kann die Regierung keinen einzigen Cent ausgeben, wenn der Bundestag nicht zuvor zugestimmt hat. Deshalb wird das Budgetrecht auch das „Königsrecht des Parlaments“ genannt. Und aus diesem Grund trägt der Haushaltsausschuss gewissermaßen die Krone der Ausschüsse. Untergremien befassen sich mit der Rechnungsprüfung und EU-Fragen. Er nimmt mit Rasierklinge und Lupe jeden einzelnen Etat in Augenschein, um möglichst Kürzungen an den Stellen vorzunehmen, die vertretbar erscheinen. Ziel ist es, die so eingesammelten Beträge entweder zur Verringerung der Kreditaufnahme einzusparen oder für dringend notwendige Investitionen zu verwenden.

ANTJE HERMENAU

VOLKER KRÖNING

WALTRAUD LEHN | CARSTEN SCHNEIDER

JOHANNES KAHRS

DR. MICHAEL LUTHER | ALBRECHT FEIBEL

DR. GÜNTER REXRODT | JÜRGEN KOPPELIN

HAUSHALTSAUSSCHUSS

MANFRED CARSTENS	Vorsitzender
ANJA HAJDUK	Stellvertretende Vorsitzende
ERNST BAHR	SPD
BERNHARD BRINKMANN	
ELKE FERNER	
UWE GÖLLNER	
BETTINA HAGEDORN	
KLAUS HAGEMANN	
IRIS HOFFMANN	
JOHANNES KAHRS	
DR. HEINZ KÖHLER	
VOLKER KRÖNING	
WALTRAUD LEHN	
DR. ELKE LEONHARD	
LOTHAR MARK	
PETRA-EVELYNE MERKEL	
GERHARD RÜBENKÖNIG	
CARSTEN SCHNEIDER	
WALTER SCHÖLER	
BRIGITTE SCHULTE	
GUNTER WEISSGERBER	
ILSE AIGNER	CDU/CSU
DIETRICH AUSTERMANN	
NORBERT BARTHLE	
JOCHEN BORCHERT	
MANFRED CARSTENS	
ALBRECHT FEIBEL	
HERBERT FRANKENHAUSER	
JOCHEN-KONRAD FROMME	
HANS-JOACHIM FUCHTEL	
SUSANNE JAFFKE	
BARTHOLOMÄUS KALB	
STEFFEN KAMPETER	
BERNHARD KASTER	
NORBERT KÖNIGSHOFEN	
DR. MICHAEL LUTHER	
KURT J. ROSSMANITH	
ANTJE TILLMANN	
KLAUS-PETER WILLSCH	
ALEXANDER BONDE	BÜNDNIS 90/DIE GRÜNEN
FRANZISKA EICHSTÄDT-BOHLIG	
ANJA HAJDUK	
ANTJE HERMENAU	
OTTO FRICKE	FDP
JÜRGEN KOPPELIN	
DR. GÜNTER REXRODT	
DR. GESINE LÖTZSCH	Beratendes Mitglied

Dieser Ausschuss ist dem Zuschnitt des neuen Bundesministeriums entsprechend neu zusammengesetzt worden und umfasst nun nicht nur die Zuständigkeiten des früheren Bundesministeriums für Wirtschaft und Technologie, sondern auch die Bereiche Arbeitsmarktpolitik, Arbeitsrecht und Arbeitsschutz aus dem früheren Bundesministerium für Arbeit und Sozialordnung. Die Herausforderungen und Chancen bestehen in der Verzahnung beider Bereiche. So können bei allen Maßnahmen für die Wirtschaft die Auswirkungen auf den Arbeitsmarkt direkt mit in den Blick genommen werden – und bei allen Vorhaben für den Arbeitsmarkt zugleich die Konsequenzen für die Wirtschaft mit bedacht werden.

MAX STRAUBINGER | ALEXANDER DOBRINDT | ROBERT HOCHBAUM

MICHAELE HUSTEDT

RAINER BRÜDERLE

GUDRUN KOPP

DR. HERMANN KUES

WERNER SCHULZ

AUSSCHUSS FÜR WIRTSCHAFT UND ARBEIT

DR. RAINER WEND	Vorsitzender
MAX STRAUBINGER	Stellvertretender Vorsitzender

DORIS BARNETT	SPD
DR. AXEL BERG	
HANS-WERNER BERTL	
KLAUS BRANDNER	
WOLFGANG GROTTHAUS	
HUBERTUS HEIL	
ROLF HEMPELMANN	
WALTER HOFFMANN	
ANETTE KRAMME	
ANGELIKA KRÜGER-LEISSNER	
CHRISTIAN LANGE	
CHRISTIAN MÜLLER	
KARIN ROTH	
THOMAS SAUER	
WILFRIED SCHRECK	
DR. SIGRID SKARPELIS-SPERK	
DR. RAINER WEND	
ENGELBERT WISTUBA	

WOLFGANG BÖRNSEN	CDU/CSU
ALEXANDER DOBRINDT	
DR. REINHARD GÖHNER	
ROBERT HOCHBAUM	
DR. MARTINA KROGMANN	
DR. HERMANN KUES	
KARL-JOSEF LAUMANN	
WOLFGANG MECKELBURG	
LAURENZ MEYER	
DR. JOACHIM PFEIFFER	
HANS-PETER REPNIK	
PROF. DR. DR. H. C. HEINZ RIESENHUBER	
FRANZ ROMER	
HARTMUT SCHAUERTE	
JOHANNES SINGHAMMER	
MAX STRAUBINGER	
DAGMAR WÖHRL	

DR. THEA DÜCKERT	BÜNDNIS 90/DIE GRÜNEN
MICHAELE HUSTEDT	
FRITZ KUHN	
WERNER SCHULZ	

RAINER BRÜDERLE	FDP
GUDRUN KOPP	
DIRK NIEBEL	

DR. RAINER WEND

DAGMAR WÖHRL

In diesem Gremium geht es um alle Aktivitäten aus den Themenbereichen Ernährung, Landwirtschaft, Fisch- und Forstwirtschaft sowie Küstenschutz – und als Querschnittsaufgabe um den Verbraucherschutz. Er steht immer wieder im Mittelpunkt der Diskussionen. Die Mitberatung konzentriert sich auf die Ressorts für Umwelt, Gesundheit, Wirtschaft und Europapolitik. Auch dort geht es zum Beispiel um den vorbeugenden Verbraucherschutz. Eine gewaltige Herausforderung ist damit verbunden, die deutsche Landwirtschaft auf die europäischen Bedingungen mitsamt Osterweiterung und auf die Anforderungen der Welthandelsordnung einzustellen.

JULIA KLÖCKNER | PETER BLESER

DR. CHRISTEL HAPPACH-KASAN

ULRIKE HÖFKEN

DR. WILHELM PRIESMEIER

PROF. DR. HERTA DÄUBLER-GMELIN

AUSSCHUSS FÜR VERBRAUCHERSCHUTZ, ERNÄHRUNG UND LANDWIRTSCHAFT

PROF. DR. HERTA DÄUBLER-GMELIN	Vorsitzende
ULRIKE HÖFKEN	Stellvertretende Vorsitzende

SÖREN BARTOL	SPD
PROF. DR. HERTA DÄUBLER-GMELIN	
MARTIN DÖRMANN	
REINHOLD HEMKER	
GUSTAV HERZOG	
GABRIELE HILLER-OHM	
HOLGER ORTEL	
DR. WILHELM PRIESMEIER	
REINHARD SCHULTZ	
JELLA TEUCHNER	
MATTHIAS WEISHEIT	
WALTRAUD WOLFF	
MANFRED HELMUT ZÖLLMER	
PETER BLESER	CDU/CSU
PETER-HARRY CARSTENSEN	
GITTA CONNEMANN	
ALBERT DESS	
HELMUT HEIDERICH	
URSULA HEINEN	
UDA HELLER	
DR. DIETER PETER JAHR	
JULIA KLÖCKNER	
MARLENE MORTLER	
BERNHARD SCHULTE-DRÜGGELTE	
KURT SEGNER	
CORNELIA BEHM	BÜNDNIS 90/DIE GRÜNEN
ULRIKE HÖFKEN	
FRIEDRICH OSTENDORFF	
HANS-MICHAEL GOLDMANN	FDP
DR. CHRISTEL HAPPACH-KASAN	

PETER-HARRY CARSTENSEN | HANS-MICHAEL GOLDMANN | PROF. DR. HERTA DÄUBLER-GMELIN
FRIEDRICH OSTENDORFF | MATTHIAS WEISHEIT

VERTEIDIGUNGSAUSSCHUSS

REINHOLD ROBBE	Vorsitzender
THOMAS KOSSENDEY	Stellvertretender Vorsitzender

RAINER ARNOLD	SPD
DR. HANS-PETER BARTELS	
KARIN EVERS-MEYER	
PETRA HESS	
GERD HÖFER	
KLAAS HÜBNER	
ROLF KRAMER	
ULRIKE MERTEN	
URSULA MOGG	
REINHOLD ROBBE	
HEDI WEGENER	
ANDREAS WEIGEL	
VERENA WOHLLEBEN	

URSULA LIETZ | HANS RAIDEL

ULRICH ADAM	CDU/CSU
ERNST-REINHARD BEEK	
JÜRGEN HERRMANN	
THOMAS KOSSENDEY	
DR. KARL A. LAMERS	
URSULA LIETZ	
DR. GERD MÜLLER	
HANS RAIDEL	
HELMUT RAUBER	
ANITA SCHÄFER	
CHRISTIAN SCHMIDT	
BERND SIEBERT	

ALEXANDER BONDE	BÜNDNIS 90/DIE GRÜNEN
WINFRIED NACHTWEI	
MARIANNE TRITZ	

HELGA DAUB	FDP
GÜNTHER FRIEDRICH NOLTING	

CHRISTIAN SCHMIDT | DR. KARL A. LAMERS

DR. PETER STRUCK | REINHOLD ROBBE

THOMAS KOSSENDEY

REINHOLD ROBBE

Dieser schon von der Verfassung vorgegebene Ausschuss steht dem Verteidigungsministerium, den Streitkräften und der Bundeswehrverwaltung gegenüber. Hier geht es um die Sicherheit der Bundesrepublik, der Verbündeten und nicht zuletzt der Bundeswehrsoldaten im Einsatz. Wegen der verschiedenen Aspekte internationaler Sicherheitspolitik gibt es eine enge Zusammenarbeit mit dem Auswärtigen Ausschuss. Bei der parlamentarischen Kontrolle der Streitkräfte arbeitet der Wehrbeauftragte als Hilfsorgan des Bundestages eng mit dem Verteidigungsausschuss zusammen. Als einziger kann sich der Verteidigungsausschuss selbst als Untersuchungsausschuss einsetzen – eine der stärksten Waffen des Parlaments zur Kontrolle des Regierungshandelns.

WINFRIED NACHTWEI

GÜNTHER FRIEDRICH NOLTING

KERSTIN GRIESE

WALTER LINK | INGRID FISCHBACH

Ein weites Feld bietet sich diesem Gremium: Junge, Ältere, Frauen, Familien – hier geht es um die Zukunftsfähigkeit und den Zusammenhalt der Gesellschaft. Gerade wenn diese immer älter wird, steht die Politik vor enormen Herausforderungen. Zudem müssen Familie und Beruf besser vereinbar, die Gleichstellung fortgeführt und die Kinderbetreuung verbessert werden. Nicht zuletzt beschäftigt sich der Ausschuss mit dem Thema Jugend und bietet über den Unterausschuss „Kinderkommission“ ein ganz besonderes Sprachrohr für diejenigen, die sonst keine Lobby haben. In dem Unterausschuss „Bürgerschaftliches Engagement“ soll die Umsetzung der Beschlüsse der vorherigen Enquetekommission vorbereitet werden.

MICHAELA NOLL | WILLI ZYLAJEW

INA LENKE | KLAUS HAUPT

AUSSCHUSS FÜR FAMILIE, SENIOREN, FRAUEN UND JUGEND

KERSTIN GRIESE	Vorsitzende
WALTER LINK	Stellvertretender Vorsitzender

SABINE BÄTZING	SPD
UTE BERG	
RENATE GRADISTANAC	
ANGELIKA GRAF	
KERSTIN GRIESE	
CHRISTEL HUMME	
CHRISTINE LEHDER	
CAREN MARKS	
MARLENE RUPPRECHT	
ANTON SCHAAF	
RITA STREB-HESSE	
ANDREAS WEIGEL	
JÜRGEN WIECZOREK	
ANTJE BLUMENTHAL	CDU/CSU
THOMAS DÖRFLINGER	
MARIA EICHHORN	
INGRID FISCHBACH	
MARKUS GRÜBEL	
KRISTINA KÖHLER	
WALTER LINK	
MICHAELA NOLL	
RITA PAWELSKI	
HANNELORE ROEDEL	
ANDREAS SCHEUER	
WILLI ZYLAJEW	
EKIN DELIGÖZ	BÜNDNIS 90/DIE GRÜNEN
JUTTA DÜMPE-KRÜGER	
IRMINGARD SCHEWE-GERIGK	
KLAUS HAUPT	FDP
INA LENKE	

CAREN MARKS | ANGELIKA GRAF

ANTJE BLUMENTHAL

IRMINGARD SCHEWE-GERIGK

MARKUS GRÜBEL

Als ständige Baustelle der parlamentarischen Arbeit gilt seit langem die Weiterentwicklung des Gesundheitssystems. Gerade die Zukunft der Gesetzlichen Krankenversicherung bildet einen besonderen Schwerpunkt dieses Gremiums. Einem Vorschaltgesetz zu Beginn der Wahlperiode folgt die intensive Diskussion und Entscheidung darüber, wie medizinische Leistungen für jeden finanzierbar bleiben und in ihren Wirkungen optimiert werden können, ohne dass die Versicherungsbeiträge den Wirtschaftsaufschwung zu sehr behindern. Aber auch in der Rentenversicherung beschäftigt sich der Ausschuss mit Finanzierungslösungen, die weit über den Tag hinausreichen.

ANDREAS STORM | HELGA KÜHN-MENGEL | KLAUS KIRSCHNER | DR. HEINRICH L. KOLB
BIRGITT BENDER | WOLFGANG ZÖLLER

ANNETTE WIDMANN-MAUZ

ECKHART LEWERING | HILDE MATTHEIS

AUSSCHUSS FÜR GESUNDHEIT UND SOZIALE SICHERUNG

KLAUS KIRSCHNER	Vorsitzender
WOLFGANG ZÖLLER	Stellvertretender Vorsitzender

PETER DRESSEN	SPD
EIKE HOVERMANN	
KLAUS KIRSCHNER	
ECKHART LEWERING	
GÖTZ-PETER LOHMANN	
ERIKA LOTZ	
HILDE MATTHEIS	
DR. ERIKA OBER	
DR. CAROLA REIMANN	
HORST SCHMIDBAUER	
SILVIA SCHMIDT	
KARSTEN SCHÖNFELD	
FRITZ SCHÖSSER	
DR. MARGRIT SPIELMANN	
ROLF STÖCKEL	
DR. MARLIES VOLKMER	
DR. WOLFGANG WODARG	

DR. WOLF BAUER	CDU/CSU
MONIKA BRÜNING	
VERENA BUTALIKAKIS	
DR. HANS GEORG FAUST	
MICHAEL HENNRICH	
HUBERT HÜPPE	
BARBARA LANZINGER	
MARIA MICHALK	
HILDEGARD MÜLLER	
MATTHIAS SEHLING	
JENS SPAHN	
ANDREAS STORM	
MATTHÄUS STREBL	
GERALD WEISS	
ANNETTE WIDMANN-MAUZ	
WOLFGANG ZÖLLER	

BIRGITT BENDER	BÜNDNIS 90/DIE GRÜNEN
EKIN DELIGÖZ	
MARKUS KURTH	
PETRA SELG	

DANIEL BAHR	FDP
DR. HEINRICH L. KOLB	
DR. DIETER THOMAE	

KLAUS KIRSCHNER

VERENA BUTALIKAKIS | MICHAEL HENNRICH

PETRA SELG | BIRGITT BENDER

PETRA WEIS | DR. MARGRIT WETZEL

EDUARD OSWALD

AUSSCHUSS FÜR VERKEHR, BAU- UND WOHNUNGSWESEN

EDUARD OSWALD	Vorsitzender
ANNETTE FASSE	Stellvertretende Vorsitzende

SÖREN BARTOL	SPD
UWE BECKMEYER	
HANS-GÜNTER BRUCKMANN	
DR. PETER DANCKERT	
ANNETTE FASSE	
RAINER FORNAHL	
GABRIELE GRONEBERG	
ERNST KRANZ	
DR. CHRISTINE LUCYGA	
HEINZ PAULA	
KARIN REHBOCK-ZUREICH	
SIEGFRIED SCHEFFLER	
WOLFGANG SPANIER	
PETRA WEIS	
REINHARD WEIS	
DR. MARGRIT WETZEL	
HEIDEMARIE WRIGHT	
RENATE BLANK	CDU/CSU
GEORG BRUNNHUBER	
HUBERT DEITTERT	
ENAK FERLEMANN	
DIRK FISCHER	
PETER GÖTZ	
KLAUS HOFBAUER	
WERNER KUHN	
EDUARD LINTNER	
KLAUS MINKEL	
EDUARD OSWALD	
WILHELM-JOSEF SEBASTIAN	
GERO STORJOHANN	
LENA STROTHMANN	
VOLKMAR UWE VOGEL	
GERHARD WÄCHTER	
FRANZISKA EICHSTÄDT-BOHLIG	BÜNDNIS 90/DIE GRÜNEN
PETER HETTLICH	
ALBERT SCHMIDT	
RAINDER STEENBLOCK	
HORST FRIEDRICH	FDP
JOACHIM GÜNTHER	
EBERHARD OTTO	

Mobilität, Wohnen, Aufbau Ost. Das sind nur drei der wichtigen Themen des Ausschusses für Verkehr, Bau- und Wohnungswesen, der sich mit einer großen Bandbreite von Fragen befasst. Die Themen der Ausschussberatungen betreffen den Alltag der Bürger ganz unmittelbar. Im Rahmen der Verkehrspolitik beschäftigt sich der Ausschuss vor allem mit der Lage und Entwicklung der fünf Verkehrsträger Schiene, Straße, Luftverkehr, See- und Binnenschifffahrt. In seinen Bereich fallen aber auch baupolitische Themen, beispielsweise Bauplanungs- und Raumordnungsrecht sowie sozialer Wohnungsbau und die Querschnittsaufgaben beim Aufbau der neuen Bundesländer.

HORST FRIEDRICH | DIRK FISCHER | REINHARD WEIS | EDUARD OSWALD
ALBERT SCHMIDT | ANNETTE FASSE

SIEGFRIED SCHEFFLER

NORBERT KÖNIGSHOFEN | RENATE BLANK

DR. MARGRIT WETZEL | PETRA WEIS

Zunehmende Zahl und wachsender Schadensumfang von Naturkatastrophen sind ein deutlicher Hinweis darauf, welche Bedeutung Umwelt- und Klimaschutz haben. Für die Umweltpolitiker ergibt sich daraus insbesondere die Aufgabe, das Bewusstsein für nachhaltiges Leben und Wirtschaften auch außerhalb eigener Zuständigkeiten zu wecken und zur Richtschnur des Handelns werden zu lassen. Der eigene Verantwortungsbereich ist umfangreich. Da geht es um Luftreinhaltung, Gewässer- und Bodenschutz, um verstärkte Nutzung erneuerbarer Energiequellen, um Abfallprobleme und Chemiekaliensicherheit, um die Einschränkung von Lärm, die Fortentwicklung des Natur- und Artenschutzes und nicht zuletzt um Reaktorsicherheit, Strahlenschutz und die Suche nach einem Endlager für radioaktive Abfälle.

ULRIKE MEHL | PETRA BIERWIRTH | HORST KUBATSCHKA

WINFRIED HERMANN

ULRICH PETZOLD

DR. ERNST ULRICH VON WEIZSÄCKER

AUSSCHUSS FÜR UMWELT, NATURSCHUTZ UND REAKTORSICHERHEIT

DR. ERNST ULRICH VON WEIZSÄCKER	Vorsitzender
ULRICH PETZOLD	Stellvertretender Vorsitzender

PETRA BIERWIRTH	SPD
GERD FRIEDRICH BOLLMANN	
MARCO BÜLOW	
ANKE HARTNAGEL	
RENATE JÄGER	
ULRICH KELBER	
ASTRID KLUG	
HORST KUBATSCHKA	
GABRIELE LÖSEKRUG-MÖLLER	
ULRIKE MEHL	
RENÉ RÖSPEL	
HEINZ SCHMITT	
DR. ERNST ULRICH VON WEIZSÄCKER	
PROF. DR. ROLF BIETMANN	CDU/CSU
CAJUS-JULIUS CAESAR	
MARIE-LUISE DÖTT	
DR. MARIA FLACHSBARTH	
GEORG GIRISCH	
JOSEF GÖPPEL	
HOLGER-HEINRICH HAIBACH	
DORIS MEYER	
FRANZ OBERMEIER	
DR. PETER PAZIOREK	
ULRICH PETZOLD	
WERNER WITTLICH	
N.N.	
WINFRIED HERMANN	BÜNDNIS 90/DIE GRÜNEN
MICHAELE HUSTEDT	
DR. REINHARD LOSKE	
DR. ANTJE VOGEL-SPERL	
ANGELIKA BRUNKHORST	FDP
MICHAEL KAUCH	
BIRGIT HOMBURGER	

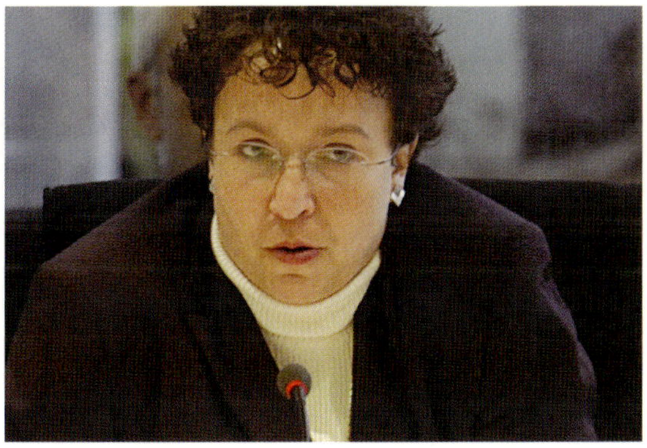

BIRGIT HOMBURGER

GEORG GIRISCH

CHRISTA NICKELS

ANGELIKA GRAF

RAINER FUNKE

Dieses Gremium ist über die Fraktionsgrenzen hinweg parteilich: parteilich für die Menschenrechte. Welche Bedeutung das Parlament diesem Aspekt beimisst, kommt darin zum Ausdruck, dass zum zweiten Mal ein eigener Ausschuss und nicht nur ein Unterausschuss dafür gebildet wurde. Auf dem Arbeitsplan steht die Weiterentwicklung der nationalen, europäischen und internationalen Instrumente des Menschenrechtsschutzes sowie der politischen und juristischen Aufarbeitung von Menschenrechtsverletzungen. Auch Fragen der Minderheitenpolitik und der humanitären Hilfe gehören zum selbstverständlichen Arbeitspensum der Menschenrechtspolitiker.

CHRISTOPH STRÄSSER

AUSSCHUSS FÜR MENSCHENRECHTE UND HUMANITÄRE HILFE

CHRISTA NICKELS	Vorsitzende
RAINER FUNKE	Stellvertretender Vorsitzender
RUDOLF BINDIG	SPD
LILO FRIEDRICH	
ANGELIKA GRAF	
KARIN KORTMANN	
VOLKER NEUMANN	
CHRISTOPH STRÄSSER	
BRIGITTE WIMMER	
RAINER EPPELMANN	CDU/CSU
HERMANN GRÖHE	
HOLGER-HEINRICH HAIBACH	
PROF. DR. EGON JÜTTNER	
IRMGARD KARWATZKI	
MELANIE OSSWALD	
DANIELA RAAB	
THILO HOPPE	BÜNDNIS 90/DIE GRÜNEN
CHRISTA NICKELS	
RAINER FUNKE	FDP

RUDOLF BINDIG

DANIELA RAAB

RAINER EPPELMANN | HERMANN GRÖHE

ULLA BURCHARDT

JÖRG TAUSS

CORNELIA PIEPER

RENÉ RÖSPEL | WILLI BRASE

Weil die internationale Vergleichsstudie Pisa starke Zweifel an den Fähigkeiten deutscher Schüler aufkommen ließ, stand ein Themenfeld für dieses Gremium schon zu Beginn der Wahlperiode fest: Wie können Schüler aus einkommensschwächeren Familien besser gefördert werden? Im Hochschulbereich geht es ebenfalls um spannende Fragen, wie etwa Leistungsvergleiche und Wettbewerb zwischen den Hochschulen. Eines von vielen Themen aus dem Genre der Forschung sind die Bemühungen, Forschung, Lehre und Wirtschaft zu einer engeren Zusammenarbeit zu bringen. Daneben steuert der Ausschuss die Beratungskapazität „Technikfolgenabschätzung beim Deutschen Bundestag“ und deren Büro (TAB).

AUSSCHUSS FÜR BILDUNG, FORSCHUNG UND TECHNIKFOLGENABSCHÄTZUNG

ULRIKE FLACH	Vorsitzende
ULLA BURCHARDT	Stellvertretende Vorsitzende

KLAUS BARTHEL	SPD
UTE BERG	
WILLI BRASE	
ULLA BURCHARDT	
ULRICH KASPARICK	
ERNST KÜCHLER	
GESINE MULTHAUPT	
DR. CAROLA REIMANN	
RENÉ RÖSPEL	
DR. ERNST DIETER ROSSMANN	
HEINZ SCHMITT	
SWEN SCHULZ	
JÖRG TAUSS	
ANDREA WICKLEIN	
DR. CHRISTOPH BERGNER	CDU/CSU
HELGE BRAUN	
VERA DOMINKE	
AXEL E. FISCHER	
MICHAEL KRETSCHMER	
HELMUT LAMP	
WERNER LENSING	
DR. MARTIN MAYER	
BERNWARD MÜLLER	
THOMAS RACHEL	
KATHERINA REICHE	
UWE SCHUMMER	
MARION SEIB	
GRIETJE BETTIN	BÜNDNIS 90/DIE GRÜNEN
HANS-JOSEF FELL	
URSULA SOWA	
ULRIKE FLACH	FDP
CHRISTOPH HARTMANN	
CORNELIA PIEPER	

ULRIKE FLACH

THOMAS RACHEL | KATHERINA REICHE

URSULA SOWA | GRIETJE BETTIN | HANS-JOSEF FELL

DETLEF DZEMBRITZKI | DR. CHRISTIAN RUCK | KARIN KORTMANN | RUDOLF KRAUS | MARKUS LÖNING | THILO HOPPE

RUDOLF KRAUS

AUSSCHUSS FÜR WIRTSCHAFTLICHE ZUSAMMENARBEIT UND ENTWICKLUNG

RUDOLF KRAUS	Vorsitzender
DETLEF DZEMBRITZKI	Stellvertretender Vorsitzender

DETLEF DZEMBRITZKI	SPD
SIEGMUND EHRMANN	
GABRIELE GRONEBERG	
KLAUS WERNER JONAS	
KARIN KORTMANN	
DR. SASCHA RAABE	
WALTER RIESTER	
DAGMAR SCHMIDT	
JÖRG VOGELSÄNGER	
BRIGITTE WIMMER	
DR. RALF BRAUKSIEPE	CDU/CSU
HARTWIG FISCHER	
SIEGFRIED HELIAS	
RUDOLF KRAUS	
CONNY MAYER	
SIBYLLE PFEIFFER	
CHRISTA REICHARD	
DR. CHRISTIAN RUCK	
PETER WEISS	
THILO HOPPE	BÜNDNIS 90/DIE GRÜNEN
HANS-CHRISTIAN STRÖBELE	
ULRICH HEINRICH	FDP
MARKUS LÖNING	

Verhinderung von gewaltsamen Auseinandersetzungen – das hat nicht zuletzt auch etwas mit wirtschaftlicher Zusammenarbeit zu tun. Einmal mehr kann dieses Gremium somit nachweisen, dass Entwicklungshilfe auch im eigenen Interesse liegt. Der Ausschuss beschäftigt sich daneben mit Entwicklungshilfe im europäischen Rahmen, um diese insgesamt noch effizienter zu machen. Es geht um die Bekämpfung des Hungers, um den Kampf gegen AIDS oder um den Wiederaufbau in Afghanistan und im Irak. Wichtige Arbeitsgrundlage sind vielfältige Kontakte zu Regierungs- und Nichtregierungsorganisationen und der Austausch wichtiger Erfahrungen vor Ort.

DR. SASCHA RAABE

BRIGITTE WIMMER | WALTER RIESTER

DETLEF DZEMBRITZKI

HANS-CHRISTIAN STRÖBELE | THILO HOPPE

MARKUS LÖNING | ULRICH HEINRICH

SIBYLLE PFEIFFER | CONNY MAYER

BRUNHILDE IRBER

ERNST HINSKEN

AUSSCHUSS FÜR TOURISMUS

ERNST HINSKEN	Vorsitzender
JANN-PETER JANSSEN	Stellvertretender Vorsitzender
ANNETTE FASSE	SPD
RENATE GRADISTANAC	
GABRIELE HILLER-OHM	
BRUNHILDE IRBER	
JANN-PETER JANSSEN	
DAGMAR SCHMIDT	
ENGELBERT WISTUBA	
KLAUS BRÄHMIG	CDU/CSU
ERNST HINSKEN	
JÜRGEN KLIMKE	
MARIA MISCHALK	
WILHELM-JOSEF SEBASTIAN	
EDELTRAUT TÖPFER	
UNDINE KURTH	BÜNDNIS 90/DIE GRÜNEN
ERNST BURGBACHER	FDP

RENATE GRADISTANAC | DAGMAR SCHMIDT
GABRIELE HILLER-OHM

WILHELM-JOSEF SEBASTIAN

Dieser Fachausschuss hat eine wichtige Querschnittsaufgabe, die eine Mitwirkung in vielen anderen Politikbereichen erfordert. Er kümmert sich um den zweitgrößten Wirtschaftsbereich innerhalb des Dienstleistungssektors und setzt sich dafür ein, dass in Sachen Tourismus die wirtschaftlichen Rahmenbedingungen stimmen. 140 Milliarden € Umsatz, 2,8 Millionen Beschäftigte und rund 100.000 Auszubildende allein in Deutschland – das unterstreicht die Bedeutung des Tourismus als Wirtschaftsfaktor und für den Arbeitsmarkt. Ein besonderes Augenmerk liegt auf der Verwirklichung des Prinzips der Nachhaltigkeit. Dieser Wirtschaftsbereich ist in besonderem Maße auf eine intakte Natur und Umwelt angewiesen. Im Bezug auf die EU wird eine Harmonisierung der tourismusrelevanten Vorschriften angestrebt. Großereignisse wie die Fußballweltmeisterschaft oder die Bewerbung Leipzigs als Olympiaaustragungsort werden vom Ausschuss intensiv begleitet, sind sie doch wichtige Gelegenheiten, Deutschland als attraktives Reiseland zu präsentieren.

KLAUS BRÄHMIG | BRUNHILDE IRBER | ERNST HINSKEN | UNDINE KURTH
ERNST BURGBACHER

Aufgabe des Ausschusses ist es, das europapolitische Handeln der Bundesregierung zu begleiten. Um diese Aufgabe wahrnehmen zu können, hat er das Recht, von der Bundesregierung Unterrichtung über die Europapolitik und Entwicklungen in der Europäischen Union zu verlangen. Durch eine Vielzahl von öffentlichen Ausschusssitzungen und Anhörungen fördert er die Transparenz der europapolitischen Meinungsbildung. Der Ausschuss gehört zu den vier Ausschüssen, die in der Verfassung zwingend vorgeschrieben sind (Artikel 45 Grundgesetz); er ist mit besonderen Befugnissen ausgestattet. Ihm gehören derzeit 33 Abgeordnete des Deutschen Bundestages sowie 14 deutsche Mitglieder des Europäischen Parlaments an.

MATTHIAS WISSMANN

KURT BODEWIG

AUSSCHUSS FÜR DIE ANGELEGENHEITEN DER EUROPÄISCHEN UNION

MATTHIAS WISSMANN	Vorsitzender
KURT BODEWIG	Stellvertretender Vorsitzender

DR. LALE AKGÜN	SPD
KURT BODEWIG	
MARTIN DÖRMANN	
RAINER FORNAHL	
GÜNTER GLOSER	
LOTHAR IBRÜGGER	
DIETER NIETAN	
MICHAEL ROTH	
AXEL SCHÄFER	
OTTMAR SCHREINER	
DR. MARTIN SCHWANHOLZ	
HANS-JÜRGEN UHL	
JÖRG VOGELSÄNGER	
HEDI WEGENER	
PETER ALTMAIER	CDU/CSU
VERONIKA BELLMANN	
KURT-DIETER GRILL	
OLAV GUTTING	
PETER HINTZE	
GUNTHER KRICHBAUM	
PATRICIA LIPS	
DR. GERD MÜLLER	
DR. GEORG NÜSSLEIN	
ALBERT RUPPRECHT	
THOMAS SILBERHORN	
MICHAEL STÜBGEN	
MATTHIAS WISSMANN	
ULRIKE HÖFKEN	BÜNDNIS 90/DIE GRÜNEN
ANNA LÜHRMANN	
RAINDER STEENBLOCK	
SABINE LEUTHEUSSER-SCHNARRENBERGER	FDP
JÜRGEN TÜRK	
DR. CLAUDIA WINTERSTEIN	

SABINE LEUTHEUSSER-SCHNARRENBERGER | DR. CLAUDIA WINTERSTEIN | JÜRGEN TÜRK

GÜNTER GLOSER

RAINDER STEENBLOCK

PETER ALTMAIER | PETER HINTZE

MONIKA GRIEFAHN

ANGELIKA KRÜGER-LEISSNER

HANS-JOACHIM OTTO

Der Ausschuss befasst sich mit national bedeutsamen kulturpolitischen Themen sowie mit der Auswärtigen Kulturpolitik und dem Dialog der Kulturen als wesentlichem Element präventiver Friedenspolitik. Schwerpunktthemen sind die Kulturförderung, der Hauptstadtkulturvertrag, das Programm „Kultur in den neuen Ländern“, die Kulturstiftung des Bundes, die Erinnerungskultur und die Filmförderung. Weiteres zentrales Thema ist die Arbeit der deutschen Einrichtungen im Ausland, insbesondere der Goethe-Institute, der Auslandsschulen und des Deutschen Akademischen Austauschdienstes. Außerdem spielen medienpolitische Fragen wie der Programmauftrag der Deutschen Welle, die Reform der Medien- und Kommunikationsordnung und die Herausforderungen der neuen Medien eine besondere Rolle.

JÖRG TAUSS

BERND NEUMANN | GÜNTER NOOKE

DR. PETER GAUWEILER | ERIKA STEINBACH

ECKHARDT BARTHEL

DR. ANTJE VOLLMER

AUSSCHUSS FÜR KULTUR UND MEDIEN

MONIKA GRIEFAHN	Vorsitzende
DR. PETER GAUWEILER	Stellvertretender Vorsitzender
ECKHARDT BARTHEL	SPD
SIEGMUND EHRMANN	
MONIKA GRIEFAHN	
GISELA HILBRECHT	
ANGELIKA KRÜGER-LEISSNER	
HORST KUBATSCHKA	
JÖRG TAUSS	
RENATE BLANK	CDU/CSU
DR. PETER GAUWEILER	
VERA LENGSFELD	
BERND NEUMANN	
GÜNTER NOOKE	
HEINRICH-WILHELM RONSÖHR	
ERIKA STEINBACH	
CLAUDIA ROTH	BÜNDNIS 90/DIE GRÜNEN
DR. ANTJE VOLLMER	
HANS-JOACHIM OTTO	FDP

GUDRUN SCHAICH-WALCH | HANS-JOACHIM HACKER

VERMITTLUNGSAUSSCHUSS

Er zählt 32 Mitglieder, je zur Hälfte entsandt von Bundestag und Bundesrat. Jedes Bundesland entsendet einen Vertreter, und die Bundestagsseite wird im Verhältnis der Stärkeverhältnisse im Parlament zusammengesetzt. Der Vermittlungsausschuss lotet in mitunter bis spät in die Nacht dauernden Sitzungen aus, wo Auswege liegen, die beide Seiten gehen können. Unterschieden wird nach Einspruchsgesetzen und nach Zustimmungsgesetzen. Bei den einen kann der Bundesrat ein Gesetz aufhalten, bei den anderen verhindern. Der Bundesrat kann bei beiden Gesetzesarten den Vermittlungsausschuss anrufen, bei Zustimmungsgesetzen können das auch der Bundestag und die Bundesregierung. Am Ende stehen Empfehlungen. Weichen diese von der ursprünglichen Beschlussfassung des Bundestages ab, ist eine erneute Abstimmung in beiden Häusern nötig, damit daraus ein Gesetz wird.

KRISTA SAGER

JOACHIM HÖRSTER

JÖRG VAN ESSEN

KLAUS UWE BENNETER

CHRISTINE LAMBRECHT | ORTWIN RUNDE

UNTERSUCHUNGSAUSSCHUSS

Um die Wahrheit im Wahlkampf dreht sich der Auftrag des ersten Untersuchungsausschusses in der 15. Wahlperiode. Haben Mitglieder der Bundesregierung die Öffentlichkeit über die Situation des Bundeshaushaltes, der Sozialversicherung und der Einhaltung der EU-Stabilitätskriterien falsch oder unvollständig informiert? So der erste Teil der Fragestellung. Und der zweite: Wie sind die Regierungen seit 1990 mit Prognosen und Modellrechnungen umgegangen, und haben vor der Wahl Mitglieder des Bundesrates, des Finanzplanungsrates und des Haushaltsausschusses falsche oder unvollständige Erklärungen abgegeben? Dem gingen die Mitglieder in Recherchen und Befragungen nach.

HANS-JOACHIM OTTO

PETER ALTMAIER

JERZY MONTAG

ENQUETEKOMMISSIONEN

Weit über den Tellerrand der Alltagspolitik blicken die Enquetekommissionen, die meist zur Hälfte aus Abgeordneten und Sachverständigen bestehen. So auch diese, die auf dem schwierigen Feld der Biomedizin Empfehlungen für gesetzgeberisches und administratives Handeln geben soll und damit die Arbeit ihrer Vorgängerin in der vorangegangenen Wahlperiode fortsetzt. Jetzt geht es bei Themen wie Forschung an nicht einwilligungsfähigen Patienten, Sterbebegleitung oder Transplantationsmedizin unter anderem wieder um Grenzen medizinischen Handelns, wie sie sich aus dem Menschenwürde-Gebot der Verfassung ergeben.

Deutschland hat eine einzigartige Kulturlandschaft mit einer beispiellosen kulturellen Vielfalt – noch. Denn versiegende Finanzen führen zur Schließung von Theatern, Opernhäusern, Museen oder Musikschulen. Wie steht es um die Situation von Kultur hierzulande? Wie ist die Lage der Kunst- und Kulturschaffenden? Welche Potenziale birgt Kultur als Standortfaktor? Der Deutsche Bundestag hat zur Beantwortung dieser und vieler anderer Fragen die Enquetekommission „Kultur in Deutschland" eingesetzt. Binnen zwei Jahren soll diese eine umfassende Beschreibung des Kulturlebens in Deutschland liefern. Auf der Grundlage dieser Bestandsaufnahme werden 22 Kommissionsmitglieder – je zur Hälfte Abgeordnete und Sachverständige – dem Parlament Vorschläge unterbreiten – für eine Bestandssicherung und für eine Stärkung von Kunst und Kultur in Deutschland.

ENQUETEKOMMISSION KULTUR IN DEUSCHLAND

GITTA CONNEMANN

MONIKA GRIEFAHN | PETRA MERKEL | PETRA WEIS

ENQUETEKOMMISSION ETHIK UND RECHT DER MODERNEN MEDIZIN

HUBERT HÜPPE | RENÉ RÖSPEL

DR. WOLFGANG WODARG

WEHRBEAUFTRAGTER

Weil die Wiederbewaffnung in den 50er Jahren noch mit der Befürchtung von Machtmissbrauch verknüpft war, wurde eine dreifache parlamentarische Kontrolle geschaffen: Außer durch die Sonderstellung von Verteidigungsminister und Verteidigungsausschuss auch durch einen eigenen Wehrbeauftragten des Bundestages. Jeder Bundeswehrangehörige kann sich an ihn wenden, ohne Sanktionen befürchten zu müssen. Der Wehrbeauftragte kann zudem von sich aus Stimmungen, Vorgängen und Zuständen in der Truppe nachgehen. Einmal jährlich erstattet er über seine Erkenntnisse dem Bundestag Bericht und ermöglicht damit auch der Öffentlichkeit einen tiefen Einblick in die Wirklichkeit der Bundeswehr.

DR. WILLFRIED PENNER

KINDER-KOMMISSION

EKIN DELIGÖZ | KLAUS HAUPT | MARLENE RUPPRECHT
INGRID FISCHBACH

INGRID FISCHBACH

Einmischen ist angesagt. Die Kinder-Kommission setzt sich im Bundestag für die Rechte der Kinder ein.

INNERE KOMMISSION

DORIS BARNETT | LYDIA WESTRICH
KLAUS UWE BENNETER

DR. PETER RAMSAUER

RECHTSFINDUNGSKOMMISSION

ERIKA SIMM

JÖRG VAN ESSEN | DR. WOLFGANG BÖTSCH
ECKART VON KLAEDEN

RAUM-KOMMISSION

ILSE FALK | ERNST BURGBACHER | DORIS MEYER | IRMINGARD SCHEWE-GERIGK
HOLGER ORTEL | KARIN REHBOCK-ZUREICH | DR. UWE KÜSTER
SIEGFRIED SCHEFFLER | ROLAND GEWALT

KOMMISSION FÜR NEUE INFORMATIONS- UND KOMMUNIKATIONSMEDIEN

AXEL E. FISCHER | HANNELORE ROEDEL | MELANIE OSSWALD
DR. H.C. SUSANNE KASTNER | EKIN DELIGÖZ | HANS-JOACHIM FUCHTEL
SIMONE VIOLKA | ECKART VON KLAEDEN | DR. UWE KÜSTER

Der Ältestenrat berät den Bundestagspräsidenten nicht nur, er kann auf einer Reihe von Feldern auch Mehrheitsbeschlüsse fassen. Diese Entscheidungen werden von Kommissionen vorbereitet. In der 15. Wahlperiode hat er fünf dieser Untergremien eingerichtet. Darin kümmern sich jeweils neun Mitglieder um die Rechtsstellung der Abgeordneten, um die Raumverteilung, um die Angelegenheiten von Mitarbeiterinnen und Mitarbeitern der Abgeordneten, um den Einsatz neuer Informations- und Kommunikationstechniken und -medien sowie um den Bundestagshaushalt und die Angelegenheiten der Bibliothek, des Archivs und anderer Dokumentationen.

MITARBEITER-KOMMISSION

UTE KUMPF | HANS-PETER KEMPER | ERIKA SIMM | PETER DRESSEN | ILSE FALK
JÜRGEN KOPPELIN | MANFRED GRUND | KURT J. ROSSMANITH

Der parlamentarische Alltag

Das Jakob-Kaiser-Haus

DIE FRÜHERE „Kammer der Technik" formt den Abschluss des Gebäude-Ensembles, das das Jakob-Kaiser-Haus an der Dorotheenstraße bildet.

Berliner Ensemble

Wer im Berliner Parlamentsviertel „das" Jakob-Kaiser-Haus sucht, hat wenig Chancen, es auf Anhieb zu erkennen, aber beste Chancen, einen Teil davon zu sehen. Denn „das" Haus gibt es nur in der Beschreibung als Bürogebäude für mehr als 2.000 Abgeordnete und Mitarbeiter des Deutschen Bundestages. Aber in der Wirklichkeit gibt es „das" Haus nicht. Denn es sind acht Gebäude, in ihrer Erneuerung konstruiert von fünf Architektenteams. Und deshalb atmet „das" Jakob-Kaiser-Haus auch typische gewachsene Berliner Stadtarchitektur.

Grob gesagt liegt das 152.000 Quadratmeter umfassende Areal zwischen Spree und Brandenburger Tor, genauer gefasst beidseits der Dorotheenstraße zwischen Ebertstraße und Wilhelmstraße. Zum Reichstagsgebäude hin schließt sich im hinteren Bereich das ehemalige Reichstagspräsidentenpalais an, das der Kölner Architekt Thomas van den Valentyn von Anfang an architektonisch wie funktionell an die später entstehende Bebauung angliederte. Aus den Vorgaben des Bundestages entwickelten die übrigen vier Teams (Busmann + Haberer aus Köln, de Architekten Cie. aus Amsterdam, von Gerkan, Marg und Partner aus Hamburg und Schweger + Partner ebenfalls aus Hamburg) mehrere Masterpläne, die einem einfachen Grundkonzept folgen: Zwei längere Riegel greifen auf beiden Seiten der Dorotheenstraße die historische Parzellenstruktur auf, unterscheiden sich von ihr durch größere Verbindungen unterhalb und oberhalb des Straßenniveaus und machen durch große Glasflächen die Möglichkeiten moderner Energieeinsparung nutzbar.

Die Berliner Traufhöhe von 22 Metern wurde auf das Jakob-Kaiser-Haus übertragen. Sie bietet atemberaubende Perspektiven. Die Verglasung bringt das parlamentarische Prinzip der Transparenz zum Ausdruck. Die innere Architektur dient der leichteren

AUF UND AB bewegen sich die vier Rennachter der Künstlerin Christiane Möbus im Eingangsbereich von Haus 1.

FLIESSEND sind die horizontalen und vertikalen Linien in der inneren Architektur des Jakob-Kaiser-Hauses. An den meisten Stellen reicht der Blick vom Glasdach über Verbindungen und Treppen bis zu den Kellerübergängen zu den Nachbarhäusern.

Orientierung. Nach Norden lassen Öffnungen immer wieder den Blick auf die Spree frei, Ost-West-Achsen gliedern die Häuser entlang der Innenhöfe und ermöglichen eine nachvollziehbare Zählung: Am Reichstagsgebäude beginnt sie mit Haus 1, gefolgt von Haus 2, 3 und 4, das an der Wilhelmstraße endet. Und entsprechend wird auf der anderen Seite am Tiergarten mit Haus 5 weitergezählt, gefolgt von den Häusern 6, 7 und 8, das wiederum an die Wilhelmstraße angrenzt. Die Häuser 2 und 6 sowie 4 und 8 verbinden über die Dorotheenstraße Brücken, an denen sich jeweils eine interne „Erschließung" über Stege und Wege sowohl über mehrere Häuser als auch mehrere Etagen anschließt.

Die innere Nutzung entspricht gerade nicht der äußerlichen Aufteilung in acht höchst unterschiedliche Häuser. Die Abgeordneten und Mitarbeiter sind nicht als Fraktionen in einzelne Häuser gezogen, sondern sie übernehmen ganze Stockwerke. Besonders die großen Fraktionen reichen quer durch alle acht Häuser. Und weil sich die Stärkeverhältnisse der Fraktionen von Wahl zu Wahl ändern, sind die Büro-Einheiten „atmend" konstruiert. Auf der Grundlage von 18-Quadratmeter-Büroeinheiten können mal mehr und mal weniger davon zusammengefasst werden, wächst die eine Fraktion in ihren zusammenhängenden Räumlichkeiten, schrumpft die andere.

„Stadtfugen" für Licht und Sicht

Beginnen wir einen kleinen Rundgang am Haupteingang. Er liegt nicht in der Mitte des Ensembles, sondern am Rand zum Haus 1. Er bildet sozusagen das Entree auch für die benachbarten Einheiten, die schon durch unterschiedliche Fassadengestaltungen auffallen. Der erste Innenhof unterstreicht seine Funktion als zentraler Empfangsort durch weite Einblicke. Geradeaus ist ein Teil des Reichstagspräsidentenpalais hinter der Glasöffnung zu sehen, eine Etage tiefer geht es von dieser Ecke aus durch einen Tunnel zum Reichstagsgebäude. Rechts reicht der Blick in die Häuser 2 bis 4, die nun als Einheit mit durchgehenden Fluren, Stegen und Wegen erfahren werden können. Links beginnt ein erster Bürotrakt für Vizepräsidenten und Parlamentsdienste. Alle müssen manchmal schnell hinüber zu den Sitzungen im Plenum. Deshalb haben sie die kürzesten Wege.

Wieder und wieder schneiden „Stadtfugen" quer durchs Gebäude, lassen Licht vom zurückgestuften Dachgeschoss bis hinunter ins erste Untergeschoss fluten – und fördern nicht zuletzt die Sichtkommunikation. Zum Beispiel auf Kasino und Cafeteria in und an den Innenhöfen von Haus 3. In Haus 2 und 3 sind in den zur Spree hin liegenden Kopfbauten Sitzungssäle eingerichtet. Sie dienen vor allem Enquetekommissionen. In aufgelockerter Architektur reichen sie zudem über zwei Etagen. Unten tagen die Parlamentarier, oben ist auf einer Besuchertribüne Platz für Publikum. Es sind auch TV-Kameras fest installiert, so dass die öffentlichen Verhandlungen stets als Live-Signal an interessierte Fernsehanstalten übermittelt werden können oder im Angebot des Bundestagsfernsehens gezeigt werden. Das ist schräg gegenüber im Untergeschoss von Haus 5 untergebracht und verfügt über ein eigenes, voll funktionsfähiges Studio. So wird parlamentarische Demokratie über www.bundestag.de noch präsenter.

Haus 4 und 8 bilden in einheitlicher Außengestaltung den Abschluss zur Wilhelmstraße. Wechseln wir hier über die gläserne Brücke auf die andere Seite der Dorotheenstraße, liegt vor uns das integrierte alte Bankgebäude – als Haus 7 liebevoll wieder hergerichtet mit seinen glasierten Klinkern, mit Steinornamenten und Stuckdecken. An dieser Stelle unterhält in den insgesamt 1.745 Büros auch die Bundesregierung Besprechungszimmer und Anlaufstellen. So geht es an verschieden gestalteten, aber einem gemeinsamen Konzept folgenden Büros vorbei in die große Eingangshalle von Haus 5, die selbst wieder sinnvoll genutzt wird: Mitten drin liegt ein nierenförmiges „Haus im Haus“ mit zwei kleinen Konferenzräumen. Es schließt sich zum Tiergarten die „Kammer der Technik“ an. Der Altbau – früher Sitz des Vereins Deutscher Ingenieure – ist im Innern vor allem durch die Holzvertäfelung direkt mit dem Neubau verbunden, äußerlich greift die Fassadengestaltung jedoch seine geschichtliche Eigenständigkeit auf. Die Symbiose von historischer Bausubstanz und moderner Erweiterung kommt vor allem im Dachgeschoss zum Ausdruck: in seiner Form am historischen Vorbild orientiert, in der Wahl von Stahl, Aluminium und Glas jedoch eindeutig auf modernem Kurs.

HÖCHST UNTERSCHIEDLICHE Architektur – hier das frühere Bankgebäude – ist in das Jakob-Kaiser-Haus-Ensemble integriert. Alt und neu kombiniert, wie in anderen Berliner Straßen.

Die Arbeit der Abgeordneten

DICHT DRAN an den Geschehnissen im Plenarsaal: Fotografen verfolgen die Vorgänge im Bundestag durch ihre Kameras und Teleobjektive auf der Pressetribüne oberhalb der Abgeordnetenreihen.

Volle Terminkalender

Wer an arbeitende Abgeordnete denkt, der sieht in der Regel Reden und Abstimmungen im Plenum vor seinem inneren Auge. Doch das ist in Wirklichkeit nur die Spitze des Eisberges. Denn den weitaus größeren Teil seiner Arbeitszeit verbringt der Abgeordnete in Runden, Gremien und Sitzungen, die nicht im Rampenlicht der Öffentlichkeit stehen.

Oft beginnt die Abgeordneten-Woche bereits am Sonntagnachmittag. Besonders vor wichtigen Debatten und Entscheidungen aus seinem Fachbereich verabschiedet sich der Volksvertreter bereits am Sonntag von Familie und Freunden im Wahlkreis, damit er am Abend noch einmal in seinem Büro vorbeischauen kann, um sich zum Beispiel auf die am nächsten Tag stattfindende Sitzung einer Enquetekommission oder die Sachverständigenanhörung eines Ausschusses vorzubereiten. Weiter läuft eine Sitzungswoche im Allgemeinen so ab: Am frühen Montagabend besprechen sich die Fraktionsvorstände und danach die Landesgruppen der Fraktionen. Dienstags werden die Arbeitsgruppen- und Arbeitskreissitzungen innerhalb der einzelnen Fraktionen und die Fraktionsvollversammlungen abgehalten. Am Mittwoch tagen die Ausschüsse, ab 13 Uhr finden dann Regierungsbefragung, Fragestunde und im Anschluss gegebenenfalls noch eine Aktuelle Stunde statt. Der Donnerstag und der Freitag gehören den Plenarsitzungen – wobei immer wieder auch Besprechungen und Konferenzen am Rande auf dem Terminkalender der Abgeordneten stehen. Am Wochenende folgen teils intensive Besprechungen und Besuche im Wahlkreis. Da passiert es leicht, dass Abgeordnete in einer Woche 70 Stunden und mehr im Einsatz sind.

ROLF STÖCKEL

NORBERT SCHINDLER | LEO DAUTZENBERG

WERNER LENSING | DR. CHRISTOPH BERGNER

PETRA-EVELYNE MERKEL | SWEN SCHULZ

CHRISTIAN LANGE

DR. WERNER HOYER | ULRICH HEINRICH

BERND HEYNEMANN

ULRICH KELBER | GERD FRIEDRICH BOLLMANN

RAINER EPPELMANN | HOLGER-HEINRICH HAIBACH
HERMANN GRÖHE

BERLINER STRASSENANSICHT Aus vier einzelnen Häusern besteht jede Hälfte des Jakob-Kaiser-Hauses beidseits der Dorotheenstraße.

VIELE VERBINDUNGSWEGE prägen das Bild in den Innenhöfen des Jakob-Kaiser-Hauses.

EBERHARD OTTO

DR. ELKE LEONHARD | KLAAS HÜBNER | BERNHARD BRINKMANN

GITTA CONNEMANN | UDA HELLER

KRISTINA KÖHLER

ALBERT DESS

AXEL E. FISCHER

DR. KARL A. LAMERS

WALTER KOLBOW

JÜRGEN KLIMKE

DR. ERIKA OBER

ULRICH KASPARICK

BETTINA HAGEDORN

HERMANN GRÖHE | KARIN KORTMANN

GISELA PILTZ

HANS-PETER REPNIK

DR. JOACHIM PFEIFFER

ROLF HEMPELMANN

MICHAEL HARTMANN | FRITZ-RUDOLF KÖRPER

SCHNELL GRIFFBEREIT liegen die Ja-, Nein- und Enthaltungskarten für namentliche Abstimmungen in Regalfächern, die vor derartigen Entscheidungen neben den Eingangstüren des Plenarsaales geöffnet werden.

HUBERT HÜPPE | DR. HANS GEORG FAUST

ANGELIKA MERTENS

HANS-JOACHIM FUCHTEL

DR. WOLFGANG WODARG

DR. JÜRGEN GEHB

EIN WUNDERBARES PANORAMA bietet der Sitzungssaal am Ende des Jakob-Kaiser-Hauses mit Blick auf Tiergarten, Reichstagsgebäude, Spree und das frühere Reichstagspräsidentenpalais.

DR. WOLFGANG SCHÄUBLE

HUBERTUS HEIL | MICHAEL HARTMANN

DR. CORNELIE SONNTAG-WOLGAST | RITA STREB-HESSE

KARIN ROTH | DR. LALE AKGÜN

CAJUS-JULIUS CAESAR

PLENARASSISTENTIN | KLAUS HOFBAUER

MARTIN DÖRMANN | GÜNTER GLOSER

SIMONE PROBST

ALFRED HARTENBACH

SILVIA SCHMIDT | SIMONE VIOLKA

LILO FRIEDRICH

WERNER WITTLICH

WERNER KUHN | PETER GÖTZ

KURT SEGNER | BERNHARD SCHULTE-DRÜGGELTE

DR. ANGELICA SCHWALL-DÜREN | HEINZ PAULA

MARLENE RUPPRECHT

PROF. DR. EGON JÜTTNER

ANDREAS WEIGEL

RENATE GRADISTANAC

ZUR SPREESEITE HIN öffnen sich die Innenhöfe des Jakob-Kaiser-Hauses, bringen Licht und Landschaft in die Architektur.

AUCH OPTISCH nähern sich die Abgeordneten dem sie umgebenden Alltag, wenn sie im Paul-Löbe-Haus in den Ausschusssitzungssälen die Details von Gesetzen und Vorgängen hinter großen Fensterflächen beraten.

MICHAEL GROSSE-BRÖMER

UTE GRANOLD

MARCO WANDERWITZ

KLAUS RIEGERT | EBERHARD GIENGER

ANDREA WICKLEIN

GUNTHER KRICHBAUM

ELKE WÜLFING

ROLAND GEWALT | REINHARD GRINDEL

DR. GÜNTER KRINGS | DR. MARTINA KROGMANN

GABRIELE FOGRASCHER

DR. HANS-PETER BARTELS

DR. KLAUS ROSE | BERND SCHMIDBAUER

WINFRIED NACHTWEI | KERSTIN MÜLLER

GERHARD RÜBENKÖNIG | GUNTER WEISSGERBER

MARION CASPERS-MERK

RITA PAWELSKI | DR. CLAUDIA WINTERSTEIN
DR. HERMANN KUES

DR. CHRISTOPH BERGNER | CLAUDIA NOLTE

DR. ROLF MÜTZENICH | DETLEF DZEMBRITZKI

IN DEN FLUR ragen die Eingangsbereiche der Büros im Jakob-Kaiser-Haus, so dass durch seitliche Glasöffnungen eine Sichtverbindung zwischen drinnen und draußen auch bei geschlossener Tür möglich ist.

BARBARA WITTIG

DR. ANDREAS SCHOCKENHOFF | DR. REINHARD GÖHNER
CHRISTIAN MÜLLER

HELGE BRAUN | KRISTINA KÖHLER

TROCKENEN FUSSES kommt man unterirdisch auch vom Paul-Löbe-Haus ins Reichstagsgebäude.

NICOLETTE KRESSL

DIRK MANZEWSKI

THOMAS RACHEL

GESINE MULTHAUPT | ERNST KRANZ

TOBIAS MARHOLD

AXEL SCHÄFER

PETER DRESSEN | RÜDIGER VEIT

GERO STORJOHANN

REINHOLD ROBBE | JANN-PETER JANSSEN

DR. MARGRIT WETZEL

VOLKMAR UWE VOGEL | ANTJE TILLMANN

RAINER FORNAHL

GERDA HASSELFELDT

MANFRED GRUND | BERNWARD MÜLLER

MARGARETA WOLF | HUBERT ULRICH

EDELTRAUT TÖPFER

KARIN REHBOCK-ZUREICH
PETRA WEIS

GROSSE GLÄSERNE ZYLINDER beherbergen auf mehreren Ebenen die Ausschusssitzungssäle und die Zuschauertribünen im Paul-Löbe-Haus.

JOACHIM GÜNTHER

NINA HAUER

PETRA HESS

DAS RESTAURANT des Paul-Löbe-Hauses ermöglicht Kaffeepausen mit Blick auf passierende Schiffe auf der unmittelbar angrenzenden Spree.

UTA ZAPF

HANS RAIDEL

PETER WEISS | DR. RALF BRAUKSIEPE
DR. CHRISTIAN RUCK

DR. SIGRID SKARPELIS-SPERK

ANNA LÜHRMANN | VOLKER BECK

GERD ANDRES

MICHAEL KAUCH | BIRGIT HOMBURGER

HEINRICH-WILHELM RONSÖHR

KLAUS RIEGERT | PETER GÖTZ | HEINZ SEIFFERT

ANITA SCHÄFER

DANIELA RAAB | DR. GERD MÜLLER | JOACHIM HÖRSTER

INGRID ARNDT-BRAUER | PETRA ERNSTBERGER

SIEGFRIED HELIAS | ROLAND GEWALT

DR. OLE SCHRÖDER

FRANK HOFMANN

KERSTIN ANDREAE | ALEXANDER BONDE

DR. CHRISTIAN RUCK | CHRISTA REICHARD

WILFRIED SCHRECK | **JÖRG VOGELSÄNGER**
DR. MARGRIT SPIELMANN

HEINZ SCHMITT

TAGEN UNTER STUCK und Goldverzierungen:
In das Jakob-Kaiser-Haus ist auch ein früheres Bankgebäude integriert.

FASZINIEREND die schmalen Gänge innerhalb der Kuppel auf dem Dach des Reichstagsgebäudes.

ROBERT HOCHBAUM | WILLY WIMMER

ULLA SCHMIDT

KLAUS-PETER FLOSBACH

DR. DIETER THOMAE

GERHARD WÄCHTER

ENGELBERT WISTUBA

GISELA HILBRECHT | ERIKA LOTZ

OLAF SCHOLZ | DR. BARBARA HENDRICKS

GUSTAV HERZOG | SÖREN BARTOL

WOLFGANG BOSBACH | WOLFGANG ZEITLMANN

FRANZ OBERMEIER

ROLF KRAMER

KURT J. ROSSMANITH

DR. THEA DÜCKERT | KATRIN GÖRING-ECKARDT

DORIS MEYER

JELENA HOFFMANN

CHRISTOPH HARTMANN | CORNELIA PIEPER

UWE SCHUMMER | MICHAEL KRETSCHMER
VERA DOMINKE

ANDREAS SCHEUER

DIE TEILNEHMER des Ökumenischen Kirchentags 2003 versammelten sich auf dem Platz der Republik vor dem Reichstagsgebäude.

KURZE WEGE führen vom Ostportal des Reichstagsgebäudes zur Parlamentarischen Gesellschaft im ehemaligen Reichstagspräsidentenpalais (links) und zu den nördlichen und südlichen Teilen des Jakob-Kaiser-Hauses.

OLAV GUTTING

BERNHARD KASTER

HARTWIG FISCHER | KURT-DIETER GRILL

STEFFEN KAMPETER

CHRISTIAN FREIHERR VON STETTEN | PETER RZEPKA

DR. DIETER PETER JAHR

JENS SPAHN

IRIS GLEICKE

KLAUS-PETER WILLSCH | NORBERT BARTHLE

HARALD LEIBRECHT | DR. CLAUDIA WINTERSTEIN
ULRICH HEINRICH | DR. RAINER STINNER

KARL-HERMANN HAACK | RENATE JÄGER

BERND SIEBERT

GÜNTER BAUMANN | HENRY NITZSCHE

OTTMAR SCHREINER

ANNETTE FASSE | DR. ERNST ULRICH VON WEIZSÄCKER

PETRA PAU | DR. GESINE LÖTZSCH

DR. DITMAR STAFFELT

VIEL PLATZ für Begegnung und Gespräche am Rand des Plenums bietet der Eingangsbereich am Ostportal des Reichstagsgebäudes. Und das gleich auf zwei Ebenen.

MARIA MICHALK | MICHAEL KRETSCHMER | FRANZ ROMER

MIT DEN GRUNDRECHTSARTIKELN in der Fassung von 1949 schlägt der Künstler Dani Karavan auf Glasplatten am Jakob-Kaiser-Haus an der früheren Grenze zwischen Ost und West den Bogen zu den Anfängen dieser Republik in Bonn.

DANIEL BAHR

ANTON SCHAAF | MARCO BÜLOW

JOCHEN-KONRAD FROMME

LOTHAR MARK

HORST SCHILD

GEORG BRUNNHUBER | DR. WOLFGANG BÖTSCH
BERNHARD SCHULTE-DRÜGGELTE

MATTHIAS SEHLING | ILSE AIGNER

ALEXANDER DOBRINDT

MARLENE MORTLER

FLORIAN PRONOLD

DR. CHRISTINE LUCYGA

THOMAS DÖRFLINGER | HANNELORE ROEDEL

MARIELUISE BECK | RENATE KÜNAST

DR. KLAUS W. LIPPOLD

HELGA DAUB

LICHTFUGEN und Flure durchschneiden das Jakob-Kaiser-Haus vertikal durch alle Stockwerke und sorgen für natürliche Helligkeit auch im Inneren der Bürogebäude.

MATTHIAS BERNINGER

AUCH SCHMALE BRÜCKEN verbinden die einzelnen Häuser des Jakob-Kaiser-Hauses und öffnen den Blick zu den Innenhöfen und nach draußen.

RUPRECHT POLENZ

DR. CHRISTOPH ZÖPEL

IRMGARD KARWATZKI

SUSANNE JAFFKE

ERNST-REINHARD BECK

PROF. DR. ROLF BIETMANN | DR. PETER PAZIOREK

MELANIE OSSWALD

VOLKER NEUMANN

DR. CAROLA REIMANN

GERALD WEISS | DR. WOLF BAUER

HANS-WERNER BERTL

TANJA GÖNNER

ANDREA ASTRID VOSSHOFF | HARTMUT BÜTTNER
RENATE BLANK

BARBARA LANZINGER

KLAUS WERNER JONAS | SIEGMUND EHRMANN

HEIDEMARIE WRIGHT

DOROTHEE MANTEL | NORBERT GEIS

DR. MARTIN MAYER | MARION SEIB

LICHT ERHALTEN DIE BÜROS des Jakob-Kaiser-Hauses bis zum Erdgeschoss durch die Innenhöfe, hier nahe der Wilhelmstraße.

ELKE FERNER

JUTTA DÜMPE-KRÜGER

ERWIN MARSCHEWSKI

TREPPAUF INS HAUS Einladender Eingangsbereich zu einem der Innenhöfe des Jakob-Kaiser-Hauses.

STEFAN MÜLLER | GEORG FAHRENSCHON

SIBYLLE PFEIFFER

DR. MARLIES VOLKMER

MARIA EICHHORN | EDUARD LINTNER | HANS MICHELBACH

RUPRECHT POLENZ

HELMUT HEIDERICH

ALBERT DESS | DR. HANS-PETER FRIEDRICH
JOSEF GÖPPEL

WALTRAUD WOLFF | KLAAS HÜBNER

DR. CHRISTEL HAPPACH-KASAN | GITTA CONNEMANN

LOTHAR IBRÜGGER

KLAUS BRANDNER | HANS-GEORG WAGNER
JOHANNES ANDREAS PFLUG

MATTHÄUS STREBL | WOLFGANG MECKELBURG | LENA STROTHMANN
RALF GÖBEL

IRIS HOFFMANN

BERND SCHEELEN

NEUE AKZENTE im Berliner Stadtbild setzen das Reichstagsgebäude mit der Kuppel (links), das Jakob-Kaiser-Haus (rechts) und im Hintergrund auf der anderen Seite der Spree das Marie-Elisabeth-Lüders-Haus.

STEPHAN MAYER

FRANZ THÖNNES

MICHAELE HUSTEDT | DR. ANTJE VOGEL-SPERL

NACHRICHTEN ENTSTEHEN oft in den Fraktionssälen. Kein Wunder, dass sich viele Journalisten in der Lobby zwischen den Fraktionen auf der dritten Etage des Reichstagsgebäudes einfinden.

SABINE BÄTZING | ASTRID KLUG | SÖREN BARTOL

DETLEF DZEMBRITZKI | ECKHARDT BARTHEL
SIEGMUND EHRMANN

EDELGARD BULMAHN | HEIDEMARIE WIECZOREK-ZEUL

DR. GERALD THALHEIM | ROLF SCHWANITZ | ERNST BAHR

WALTER HOFFMANN

PATRICIA LIPS | KLAUS MINKEL

GABRIELE GRONEBERG | HANS-GÜNTER BRUCKMANN

BEATRIX PHILIPP | CLEMENS BINNINGER

CHRISTEL RIEMANN-HANEWINCKEL

UWE GÖLLNER | URSULA MOGG | ANTON SCHAAF
HANS-JÜRGEN UHL

ARNOLD VAATZ

VERENA WOHLLEBEN

ANGELIKA BRUNKHORST

REINHARD SCHULTZ

HELMUT LAMP

KLAUS-JÜRGEN HEDRICH | ANKE EYMER

HENRY NITZSCHE | DR. DIETER PETER JAHR

JÜRGEN HERRMANN

DER CHARAKTER eines japanischen Gartens entsteht in diesem Innenhof des Jakob-Kaiser-Hauses durch ein Ensemble aus Wasserflächen, Steinen und Kiefern.

DAS ARBEITSPARLAMENT HINTER GLAS In den Sitzungen der Fachausschüsse wird die Detailberatung geleistet.

DR. AXEL BERG

INGE WETTIG-DANIELMEIER

FRITZ SCHÖSSER

KARL DILLER

DR. MARTIN SCHWANHOLZ

JOCHEN BORCHERT | HERBERT FRANKENHAUSER

JOCHEN WELT

DR. HERMANN SCHEER

HOLGER ORTEL

ANETTE KRAMME

MANFRED KOLBE

BRIGITTE SCHULTE

ULRIKE MERTEN | KARSTEN SCHÖNFELD
DR. DIETER WIEFELSPÜTZ | EKIN DELIGÖZ

MICHAEL ROTH

DR. NORBERT LAMMERT

DR. ERNST-DIETER ROSSMANN | ANTON SCHAAF

ANKE HARTNAGEL

ZWEI GLÄSERNE Verbindungswege überbrücken die Dorotheenstraße zwischen den beiden Teilen des Jakob-Kaiser-Hauses.

MANFRED HELMUT ZÖLLMER

EIKE HOVERMANN

ULRICH ADAM

WOLFGANG SPANIER

SPIEGELUNGEN sind die Spezialität der großen Flächen aus Glas. Kuppel und architektonische Details des Reichstagsgebäudes bieten real und gespiegelt immer wieder reizvolle, mitunter stimmungsvolle Foto-Motive.

VERA LENGSFELD

JOSEPH FISCHER

MARTIN HOHMANN

ERNST KÜCHLER

KLAUS BARTHEL

GERALD WEISS

SIEGFRIED KAUDER

DIRK NIEBEL

HANS-JÜRGEN UHL

PETER HETTLICH

CLAUDIA ROTH

URSULA HEINEN

GÖTZ-PETER LOHMANN

DR. HEINZ KÖHLER

KARL-THEODOR FREIHERR ZU GUTTENBERG

ALBERT RUPPRECHT

DR. GUIDO WESTERWELLE

SELBSTVERSTÄNDLICHES ZIEL vieler Berlin-Touristen ist das Reichstagsgebäude – auch wenn es manchmal nur ein kurzer, neugieriger Blick durch die Glastüren ist. Gezielt planen lässt sich ein Bundestagsbesuch mit den aktuellen Internet-Informationen unter www.bundestag.de.

AUS BONN mitgebracht hat die SPD-Fraktion das Kunstwerk von Hella Santarossa. Der Fraktionssitzungssaal trägt den Namen von Otto Wels, dem letzten sozialdemokratischen Fraktionschef im Reichstag der Weimarer Republik.

RUDOLF SCHARPING

DR. NORBERT RÖTTGEN

DR. CHRISTINA WEISS

REZZO SCHLAUCH | DR. HERMANN SCHEER

HUBERT DEITTERT | ENAK FERLEMANN

WILHELM SCHMIDT | MICHAEL MÜLLER

JELLA TEUCHNER

RONALD POFALLA

SEBASTIAN EDATHY

MANFRED CARSTENS

MICHAEL GLOS

DR. RAINER WEND

DETLEF PARR

WINFRIED HERMANN

ANDREAS SCHMIDT

EDUARD OSWALD | PLENARASSISTENT

RUDOLF KRAUS

WIE EIN BIRKENWÄLDCHEN mit Stämmen und Findlingen gestaltete Landschaftsarchitekt Gustav Lange einen Innenhof des Jakob-Kaiser-Hauses.

DR. HERTA DÄUBLER-GMELIN

ELVIRA DROBINSKI-WEISS

PETER RAUEN

REIZVOLLE SPIEGELUNG – auf der Glasfassade des Jakob-Kaiser-Hauses erscheint futuristisch verfremdet ein Turm des Reichstagsgebäudes.

PETER LETZGUS

MARGA ELSER | GEROLD REICHENBACH

MATTHIAS WISSMANN

DR. WOLFGANG GERHARDT

DIETMAR NIETAN

DR. GUIDO WESTERWELLE

DR. ANGELA MERKEL

EINBLICKE UND AUSBLICKE werden auch für jüngere Berlin-Besucher auf dem Dach des Reichstagsgebäudes zu einem besonderen Erlebnis. Als Ausstellungsfläche hat sich der Innenhof des Paul-Löbe-Hauses bewährt.

ZEHN MILLIONEN Besucher konnten der Bundestag und seine Abgeordneten seit dem Umzug nach Berlin bereits zählen. Die meisten machten eine Stippvisite in die Kuppel, aber auch nach Informationen über die Abläufe im Parlament gibt es eine rege Nachfrage.

SCHULSTUNDEN der besonders attraktiven Art: Politikunterricht aus erster Hand.
Viele Schulklassen nutzen die ausführlichen Informationsmöglichkeiten auch in der sitzungsfreien Zeit.
Schön, wenn dabei nicht nur der Wissensdurst gestillt werden kann.

Die Frauen im Deutschen Bundestag

URSULA SOWA | FRANZISKA EICHSTÄDT-BOHLIG | CHRISTINE SCHEEL

Klarer Trend: Frauen rücken vor

Lang, lang ist's her, dass der Anteil der weiblichen Abgeordneten im Bundestag gerade mal bei sieben, acht oder neun Prozent lag. Inzwischen haben sich die Frauen ein knappes Drittel der Volksvertretung gesichert. Obwohl die Zusammensetzung des Parlaments vom 14. zum 15. Deutschen Bundestag kräftig durcheinander gewirbelt wurde, verstetigte sich ein Trend: Der Frauen-Anteil stieg von 30,9 auf 32,5 Prozent. Von den 196 weiblichen Abgeordneten sitzen 95 in der SPD-Fraktion, 57 in der Union, 32 bei BÜNDNIS 90/DIE GRÜNEN und zehn bei der FDP – plus der beiden fraktionslosen PDS-Abgeordneten.

Waren Frauen in früheren Jahrzehnten eher für „weiche" und vermeintliche Randthemen zuständig, marschieren sie nun auf breiter Front nach vorn. Von den 21 Vorsitzenden der ständigen Parlamentsausschüsse sind neun Frauen – also 43 Prozent. Und von 13 Bundesministerien werden sechs von Ministerinnen geleitet – Frauenanteil hier also 46 Prozent. Bei den Vizepräsidenten an der Spitze des Bundestages ist der 50-Prozent-Anteil erreicht.

Das öffentliche Erscheinungsbild wird ebenfalls durch die zu Schriftführern gewählten Abgeordneten rechts und links des amtierenden Sitzungspräsidenten bestimmt – und hier liegt der Frauenanteil inzwischen bei 60 Prozent. Nicht zu vergessen: Die Fraktionsspitze von BÜNDNIS 90/DIE GRÜNEN besteht mit Katrin Göring-Eckardt und Krista Sager aus zwei Frauen. Und auch die größte Oppositionsfraktion wird im 15. Deutschen Bundestag mit Angela Merkel von einer Frau angeführt. Schließlich noch ein Blick auf die eigentlichen Manager des Parlamentsgeschehens in und zwischen den Fraktionen: Von den insgesamt zwölf Parlamentarischen Geschäftsführern sind fünf Frauen.

DR. ANGELA MERKEL

JULIA KLÖCKNER | DR. MARIA FLACHSBARTH

SABINE LEUTHEUSSER-SCHNARRENBERGER

ULLA SCHMIDT

MONIKA GRIEFAHN

KATRIN GÖRING-ECKARDT | CHRISTA SAGER

ANTJE TILLMANN

ULRIKE FLACH

ASTRID KLUG | SABINE BÄTZING

CHRISTINE LEHDER

Die Internationalen Beziehungen

DIE TEILNEHMER des 4. Weltforums Global Parliamentarians on Habitat 2003 in Berlin.

Kontakte auch zur Konfliktschlichtung nutzen

Außenpolitische Fragen stehen im Bundestag nicht nur in den entsprechenden Fachausschüssen im Mittelpunkt. Von der Öffentlichkeit weniger wahrgenommen, engagieren sich die Abgeordneten des Bundestages auch in der Parlamentarischen Versammlung des Europarates, der Versammlung der Westeuropäischen Union (WEU), der Parlamentarischen Versammlung der Organisation für Sicherheit und Zusammenarbeit in Europa (OSZE), der Parlamentarischen Versammlung des Nordatlantikpaktes (NATO), in der Interparlamentarischen Union (IPU), in der Parlamentarischen Versammlung des Ostseerates und der Parlamentarischen Versammlung des Schwarzmeerkooperationsrates. Durch die Mitarbeit in diesen Gremien können die Politikerinnen und Politiker die Kompetenz des Parlaments in außenpolitischen Angelegenheiten stärken und zugleich die Erkenntnisse aus den internationalen Aktivitäten im Bundestag einbringen. Zur Pflege der bilateralen Kontakte mit Volksvertretern in mehr als 160 Ländern unterhält der Bundestag über 50 Parlamentariergruppen, vier Länderbeauftragte und den „Freundeskreis parlamentarische Kontakte". Die regelmäßigen Begegnungen bieten eine zusätzliche wichtige Informationsquelle für die Abgeordneten und haben sich zu einem Forum für den direkten internationalen Meinungsaustausch entwickelt. Die Kontakte führen oft zu besonderen Vertrauensverhältnissen, die bei Problemen und Krisen von besonderer Bedeutung werden. Parlamentariergruppen vermögen zur Konfliktschlichtung beizutragen, indem sie Vertretern von Konfliktparteien Kommunikationsmöglichkeiten auf neutralem Boden unter unparteiischer Moderation bieten.

Auch die Parlamentspräsidenten halten untereinander Kontakt in den Parlamentspräsidentenkonferenzen im Rahmen der G 8, der Europäischen Union und des Europarates. Dem internationalen Erfahrungsaustausch zur weltweiten Verständigung und zum Aufbau demokratisch stabiler Systeme dienen auch parlamentarische Ausbildungshilfen, Parlamentspraktika und intensive Jugendaustauschprogramme.

Die Sechste Europäische Konferenz der Nationalen Parlamente über Informations- und Kommunikationstechnologie (EPRI) im Jahr 2003 in Berlin.

Joachim Hörster vor der Parlamentarischen Versammlung der Westeuropäischen Union in Straßburg 2003.

Dr. Christine Lucyga berichtet vor der WEU-Tagung.

Bundestagsvizepräsidentin Dr. Antje Vollmer und der Dalai Lama im Juni 2003 in Berlin.

Dr. Mohsen Mirdamadi, Delegation (Iran) und Wolfgang Thierse.

Alpha Oumar Konaré, ehem. Staatspräsident von Mali, und Wolfgang Thierse.

„Governance for sustainable cities“ war Thema der 4. Weltkonferenz
Global Parliamentarians on Habitat 2003 in Berlin.

Empfang für die Parlamentarische Versammlung des Europarates im Kulturforum in Berlin, hier: Bundestagspräsident Wolfgang Thierse, Rudolf Bindig und Europaratspräsident Peter Schieder.

HEIDEMARIE WIECZOREK-ZEUL
DR. ANNA TIBAIJUKA | PETER GÖTZ

DR. ANNA TIBAIJUKA | PETER GÖTZ | SENATOR ERNESTO GIL ELORDY
RADU LIVIU BARA | DR. NORBERT LAMMERT

Durao Barroso, portugiesischer Premierminister, und Wolfgang Thierse.

Im Rückblick

Die Geschichte des Deutschen Bundestages

1 | BERLIN 1945, Zerstörtes Reichstagsgebäude. *Am Ende des Zweiten Weltkrieges lag die Hauptstadt der Deutschen in Trümmern. Die Sektorengrenze zwischen Ost und West führte direkt an dem ausgebrannten Parlament vorbei.*

3 | BONN 1949, Der Präsident des Parlamentarischen Rates, Konrad Adenauer, verkündet das Grundgesetz. *Ganz bewusst ging es nicht um eine „Verfassung". In der Bezeichnung „Grundgesetz" sollte der vorläufige Charakter im Vorfeld eines gesamtdeutschen Staates zum Ausdruck kommen.*

Das Parlament und seine Häuser

Neuanfang im Provisorium, Etablierung einer neuen parlamentarischen Demokratie in Bonn, Umzug in ein ehemaliges Wasserwerk, Neubau eines auf Dauer angelegten Parlamentsgebäudes, dann die wiedergewonnene Einheit und der Umzug vom Rhein an die Spree – der Deutsche Bundestag hat seit Bestehen der Bundesrepublik schon einige Male die Koffer gepackt.

Während des Wahlkampfes für die ersten Bundestagswahlen laufen die Arbeiten für den Neubau des Plenarsaales und die Büros des Bundestages auf Hochtouren – zuletzt in Tag- und Nachtarbeit, damit die Eröffnungssitzung am 7. September 1949 im eigenen, neuen Haus stattfinden kann. Der Start erfolgt zwar nicht auf der Grünen Wiese – aber die liegt direkt in der Nachbarschaft – und manchmal ziehen Schafherden am neuen Hohen Haus vorbei.

Das Arbeitspensum in den Anfangsjahren ist enorm. Ein völlig neuer Staat ist aufzubauen, die Demokratie in allen Lebensbereichen auch gesetzlich zu verankern. Viele Ausschüsse tagen bis spät in die Nacht. Die Eröffnungsfeier des Parlamentarischen Rates findet im zoologischen Museum Alexander Koenig statt, die darauf folgenden Sitzungen in der Pädagogischen Akademie.

2 | BONN 1948/49, Der Parlamentarische Rat tagt. *Die 65 Mitglieder waren von den Länderparlamenten nach dem Verhältnis der Einwohnerzahlen gewählt worden.*

4 | BONN 1953, **Außenansicht des Bundeshauses.** *An den Bundestag schließt sich im „Weißen Haus am Rhein“ der Bundesrat an.*

5 | BONN 1949, **Eröffnungssitzung des Deutschen Bundestages.** *Wie provisorisch der Beginn war, ist rechts an den Zuschauertribünen zu sehen. Sie sind draußen aufgebaut. Damit das Geschehen verfolgt werden kann, sind die Fenster geöffnet.*

Leidenschaftliches Ringen um die Grundsatzentscheidungen des neuen Staates, lebhafte Debatten um die Grundorientierung der jungen Republik und das unermüdliche Arbeiten an der Wiedererlangung von Vertrauen in der Welt – im ersten Plenarsaal in Bonn vollzog das Parlament viele weitreichende und nachwirkende Entscheidungen, erlebte der Bundestag historische Debatten.

Das schwarze Mobiliar, der hohe, dunkle Streifen an der Stirnseite mit den Plätzen für Bundestagspräsidium, Regierungsmitglieder und Bundesratsvertreter prägten zusammen mit der hohen seitlichen Fensterfront über Jahrzehnte das Bild vom deutschen Parlament.

6 | BONN 1954, Debatte um die Pariser Verträge. *Feste Verankerung im Westen, um auf dieser Grundlage zu einem demokratischen, freien Gesamtdeutschland zu kommen – mit diesem Kurs wurde in den Anfangsjahren leidenschaftlich gerungen. Hier Bundeskanzler Konrad Adenauer und SPD-Fraktionsvorsitzender Erich Ollenhauer am Rednerpult.*

7 | **BONN 1991, Außenaufnahme des Ersatzplenarsaals „Wasserwerk".** *Für die Jahre des Neubaus rückt der Bundestag im benachbarten Altbau zusammen.*

Der 1949 in sechs Monaten hochgezogene alte Plenarsaal wird immer mehr zum Sicherheitsrisiko. Statt immer aufwändigerer Flickschusterei entscheidet sich der Bundestag für einen modernen Neubau. Für die fast sechsjährige Bauzeit zieht der Bundestag ab 9. September 1986 in das ehemalige Wasserwerk. Das Industriegebäude ist nicht einmal halb so groß. Doch das Parlament gewöhnt sich schnell an das Provisorium.

Auch dieser Raum wird bald zum Ort historischer Ereignisse und Entscheidungen. Am Abend des 9. November 1989 tagen die Abgeordneten gerade, als die Nachricht vom Fall der Mauer eintrifft. Spontan erheben sie sich und singen die Nationalhymne. Hier wird schon im nächsten Jahr die Einheit beschlossen, hier fällt auch der Beschluss zum Umzug nach Berlin. Und hier wird der Weg zur Europäischen Union parlamentarisch begleitet.

8 | **DDR 1990,** Konstituierende Sitzung der ersten frei gewählten Volkskammer. *Sabine Bergmann-Pohl (vorn) wird Volkskammerpräsidentin und sagt: „Das zarte Pflänzchen Demokratie, das mehr als fünfzig Jahre überwinterte, ist uns nun anvertraut. Tragen wir mit unserer Arbeit den Frühling in das Land!"*

9 | **BONN 1990,** Regierungserklärung von Bundeskanzler Kohl am 15.02.1990. *Die Politik dieser Jahre steht ganz im Zeichen der Schritte zur Wiedervereinigung – der neue Bundestag und die erste frei gewählte Volkskammer bewältigen mit den Regierungen ein immenses Arbeitspensum.*

Weniger als ein Jahr vergeht von den ersten Demonstrationen für mehr Freiheiten in der DDR bis zur Erklärung der ersten frei gewählten Volkskammer am 23. August 1990 um 2.47 Uhr, dass die DDR am 3. Oktober dem Geltungsbereich des Grundgesetzes der Bundesrepublik Deutschland beitritt.

Alle vorsichtigen Annäherungen und früher waghalsigen Perspektiven für eine Föderation der beiden deutschen Staaten werden seit dem Herbst 1989 schnell von der Dynamik der Ereignisse überholt. Intensivste außenpolitische Bemühungen um eine internationale Zustimmung zu den sensationellen Entwicklungen werden ergänzt durch eine Fülle praktischer Schritte und gesetzlicher Neuregelungen, die alle nur ein Ziel haben: die schnelle Wiedervereinigung.

So kommt es zum Zwei-plus-Vier-Vertrag, denn noch haben die früheren Alliierten die letzte Entscheidung über alle Fragen, die Deutschland als Ganzes betreffen. Und so kommt es zum Einigungsvertrag, der in intensiven Verhandlungen zwischen den Regierungen und in Marathonsitzungen der Bundestags- und Volkskammer-Ausschüsse entsteht und den Versuch unternimmt, Regelungen für möglichst alle Bereiche zu finden. Ein historischer Akt ohne jedes Vorbild, ein sozialistisches System zugleich einer umwälzenden Radikalreform zu unterziehen und einem demokratischen System anzuschließen.

10 | BERLIN 1990, Erste Sitzung des Deutschen Bundestages nach der Vereinigung im Reichstagsgebäude. *Im alten Reichstagsgebäude konstituiert sich am 4. Oktober der erste gesamtdeutsche Bundestag, dem – wie im Einigungsvertrag vereinbart – auch 144 Abgeordnete der Volkskammer angehören.*

11 | **BERLIN 1990, Feierstunde vor dem Reichstagsgebäude am 3. Oktober 1990.** *Um Mitternacht ist Deutschland wiedervereinigt. Als Symbol wird im Beisein vieler Zehntausend Menschen auf dem Platz der Republik eine große Bundesflagge gehisst.*

12 | **BONN 1993, Außenansicht des neuen Plenarsaals.** *Die große gläserne Eingangsfassade mit einer sich anschließenden großen Lobby unterstreicht seinen einladenden Charakter.*

13 | **BONN 1994, Plenarsitzung des Bundestages im neuen Plenarsaal.** *Dieser ist kreisrund und in der Mitte abgesenkt.*

14 | BERLIN 1999, Eröffnung des umgebauten Reichstagsgebäudes. *Vom ersten Tag an weckt der Bau die Neugier vieler Besucher.*

15 | BERLIN 1999, Eröffnungssitzung im Reichstagsgebäude. *Das Parlament der Deutschen ist nach einer ganzen Reihe von Umzügen am historischen Ort wieder angekommen.*

Was als neues architektonisches Symbol für die Demokratie der Bundesrepublik Deutschland geplant ist, wird wieder zum Übergang. Der Beschluss über den Umzug ist längst gefällt, als der neue Plenarsaal in Bonn Ende 1992 fertig wird. Das Demokratieverständnis kommt durch Offenheit und Transparenz, Nähe zu den Bürgern und ihrem Leben zum Ausdruck. Eine volle Wahlperiode, von 1994 bis 1998, ist dies der zentrale Ort der Republik. Fraktionen, Regierung, Redner und Bundesratsvertreter bilden in der Sitzordnung ein großes Rund. Mehr als eine Million Besucher werden in dieser Zeit gezählt.

Der 14. Deutsche Bundestag konstituiert sich 1998 zwar noch in Bonn. Doch schon die Wahl des Bundespräsidenten durch die Bundesversammlung findet am 23. Mai 1999 im umgebauten Reichstagsgebäude in Berlin statt. Und nach der parlamentarischen Sommerpause, die zum Umzug genutzt wird, verlegt der Deutsche Bundestag seinen Sitz an die Spree.

Fast auf den Tag 50 Jahre nach dem Neubeginn im Bonner Provisorium erlebt das wiedervereinigte Deutschland einen Wiederbeginn. Diesmal an historischer Stätte, die für die Bedürfnisse eines modernen, offenen Parlaments markant verändert worden ist.

Die Mandatsverteilung seit 1949

DEM BUNDESTAGSADLER gegenüber gruppieren sich die Mandatsträger entsprechend der Stärke der Fraktionen im Plenarsaal. An der Stirnseite links die Bänke der Bundesregierung, in der Mitte das Präsidium, davor das Rednerpult. Rechts folgen die Bänke der Bundesratsvertreter.

Die Mandatsverteilung

38,5 Prozent für die SPD, 38,5 Prozent für CDU und CSU, 8,6 Prozent für BÜNDNIS 90/DIE GRÜNEN, 7,4 Prozent für die FDP, 4,0 Prozent für die PDS. So entschieden sich die Wähler am 22. September 2003 mit ihrer Zweitstimme. Daraus wurden im 15. Deutschen Bundestag 252 Sitze für die SPD, 248 für die CDU/CSU, 55 für BÜNDNIS 90/DIE GRÜNEN, 47 für die FDP und zwei PDS-Abgeordnete.

Doch bis diese Mandatsverteilung feststand, war ein mehrstufiges Rechenverfahren zu bewältigen. Im Bundestag sind mindestens 598 Sitze zu vergeben. Jeder Wähler hat zwei Stimmen, eine Erststimme für die Wahl eines Abgeordneten in einem der insgesamt 299 Wahlkreise und eine Zweitstimme für die Landesliste einer Partei. Für die Kräfteverhältnisse im Parlament ist die Verteilung der Zweitstimmen maßgeblich.

Da die PDS an der Fünf-Prozent-Klausel gescheitert war, blieb sie als Partei bei der Sitzverteilung unberücksichtigt. Nur die beiden PDS-Bewerberinnen, die in Wahlkreisen mit den Erstimmen direkt gewählt wurden, zogen als fraktionslose Abgeordnete in den Bundestag ein.

Diese zwei Sitze wurden von der Gesamtzahl der Sitze abgezogen. Danach ergaben sich bei der Verteilung der verbleibenden 597 Sitze 247 Sitze für die SPD, 247 für CDU/CSU, 55 für BÜNDNIS 90/DIE GRÜNEN und 47 für die FDP. Das war aber noch nicht die endgültige Verteilung. Denn nun wurde für jede Partei einzeln festgestellt, wie viele der ihnen zustehenden Sitze auf die Landeslisten der Parteien in den einzelnen Bundesländern entfallen – berechnet nach dem Verhältnis der jeweiligen Zweitstimmenergebnisse.

Von der für jede Landesliste so ermittelten Abgeordnetenzahl wurde die von der jeweiligen Partei errungene Zahl der Wahlkreismandate im Bundesland abgezogen. Die verbleibenden Sitze wurden aus den Landeslisten besetzt. Hat eine Partei in

DIE FRAKTIONEN sitzen zusammen, und so kann das Sitzungspräsidium bei Abstimmungen meist schon auf einen Blick das Stimmenverhältnis abschätzen.

einem Bundesland mehr Mandate durch erfolgreiche Erststimmenkandidaten gewonnen, als ihr nach der Zweitstimmenverteilung in einem Bundesland zustehen, entstehen so genannte „Überhangmandate". Das waren bei der Bundestagswahl 2002 für die SPD je eines in Hamburg und Thüringen sowie zwei in Sachsen-Anhalt und für die CDU eines in Sachsen.

Im Ergebnis stellt sich nach alledem die Mandatsverteilung für den 15. Deutschen Bundestag wie folgt dar: 251 Sitze für die SPD, 248 für die CDU/CSU, 55 für BÜNDNIS 90/DIE GRÜNEN, 47 für die FDP und zwei Sitze für die fraktionslosen Abgeordneten.

15. WAHLPERIODE

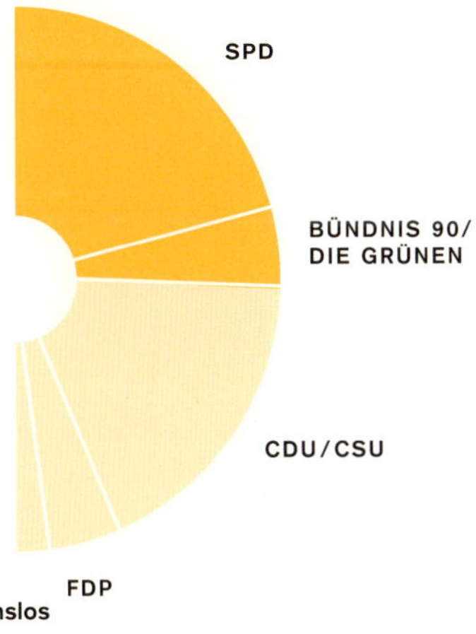

Regierungsfraktionen

Oppositionsfraktionen

WAHLPERIODE		Insgesamt	SPD	CDU/CSU	DP	BHE	FDP	BÜNDNIS 90/ DIE GRÜNEN	PDS	Fraktionslos
1. WP	*07.09.1949*									
	1949/50	410	136	142	17		53			62
	1951		136	146	23		52			53
	1952	420	139	151	21		54			55
	1953		139	150	19		55			57
2. WP	*06.10.1953*	509	162	250	15	27	53			2
	1954		162	250	15	27	52			3
	1955		162	257	16	18	53			3
	1956		162	256	34	18	37			2
	1957	519	164	261	35	19	39			1
3. WP	*15.10.1957*	519	181	278	17		43			
	1958		181	279	15		44			
	1959		181	279	15		44			
	1960		182	287	6		44			
	1961		180	289			45			5
4. WP	*17.10.1961*	521	203	251			67			
	1962		203	250			67			1
	1963		203	250			67			1
	1964		204	250			66			1
	1965		204	250			66			1
5. WP	*19.10.1965*	518	217	251			50			
	1966		217	251			50			
	1967		217	252			49			
	1968		217	252			49			
	1969		216	253			49			
6. WP	*19.10.1969*	518	237	250			31			
	1970		237	253			28			
	1971		236	254			28			
	1972		233	258			27			
7. WP	*13.12.1972*	518	242	234			42			
	1973		242	234			42			
	1974		242	234			42			
	1975		241	234			42			1
	1976		240	234			42			2
8. WP	*13.12.1976*	518	224	254			40			
	1977		224	254			40			
	1978		224	253			40			1
	1979		224	253			40			1
	1980		224	253			40			1
9. WP	*04.11.1980*	519	228	237			54			
	1981		227	237			54			1
	1982		225	237			54			3
	1983		225	237			53		24	4
10. WP	*29.03.1983*	520	202	255			35	28	17	
	1983		202	255			35	28	16	
	1984		202	253			35	27	16	3
	1985		202	253			35	27	16	3
	1986		202	253			35	27	15	3
11. WP	*18.02.1987*	519	193	234			48	44	30	
	1987		193	234			48	44	30	
	1988		193	234			48	42	30	2
	1989		193	234			48	42	30	2
	1990	663	226	305			57	48	30	3
12. WP	*20.12.1990*	662	239	319			79	8	37	
	1991		239	318			79	8	37	2
	1992		239	317			79	8	37	2
	1993		239	317			79	8	37	3
	1994		239	317			78	7	37	6
13. WP	*16.10.1994*	672	252	294			47	49		
	1995		252	294			47	49		
	1996		251	295			47	48		
	1997		251	295			47	48		
	1998		251	295			47	48		
14. WP	*15.10.1998*	669	297	245			43	47		
	1999		297	245			43	47		
	2000		296	245			43	47		
	2001		294	245			43	47		
	2002		292	245			43	47		
15. WP	*17.10.2002*	603	251	248			47	55		2
	2003		251	248			47	55		2

Im Überblick

Die Präsidenten des Deutschen Bundestages

DR. ERICH KÖHLER
CDU

1949 bis **1950** Präsident des Deutschen Bundestages.

* 1892 † 1958

DR. HERMANN EHLERS
CDU

1950 bis **1954** Präsident des Deutschen Bundestages.

* 1904 † 1954

PROF. DR. DR. EUGEN GERSTENMAIER
CDU

1954 bis **1969** Präsident des Deutschen Bundestages.

* 1906 † 1986

KAI-UWE VON HASSEL
CDU

1954 bis 1963 Ministerpräsident von Schleswig-Holstein, 1963 bis 1966 Verteidigungsminister, 1966 bis 1969 Bundesminister für Vertriebene, Flüchtlinge und Kriegsgeschädigte, **1969** bis **1972** Präsident des Deutschen Bundestages und 1972 bis 1976 Vizepräsident des Deutschen Bundestages.

* 1913 † 1997

ANNEMARIE RENGER
SPD

1972 bis **1976** Präsidentin und 1976 bis 1990 Vizepräsidentin des Deutschen Bundestages.

* 1919 † 2008

PROF. DR. KARL CARSTENS
CDU

1973 bis 1976 Vorsitzender der CDU/CSU-Fraktion, **1976** bis **1979** Präsident des Deutschen Bundestages, 1979 bis 1984 Bundespräsident.

* 1914 † 1992

1949 1950 1954 1969 1972 1976

1949 1953 1957 1961 1965 1969 1972 1976

01 02 03 04 05 06 07 08

DR. H. C. RICHARD STÜCKLEN
CSU

1957 bis 1966 Bundesminister für Post und Fernmeldewesen, **1979** bis **1983** Präsident des Deutschen Bundestages, 1976 bis 1979 und 1983 bis 1990 Vizepräsident des Deutschen Bundestages.

* 1916 † 2002

DR. RAINER BARZEL
CDU

1962/1963 Bundesminister für gesamtdeutsche Fragen, 1964 bis 1973 Vorsitzender der CDU/CSU-Fraktion, 1971 bis 1973 Vorsitzender der CDU, 1982/1983 Bundesminister für innerdeutsche Beziehungen, **1983** bis **1984** Präsident des Deutschen Bundestages.

DR. PHILIPP JENNINGER
CDU

1984 bis **1988** Präsident des Deutschen Bundestages.

PROF. DR. RITA SÜSSMUTH
CDU

1985 bis 1986 Bundesministerin für Jugend, Familie und Gesundheit, 1986 bis 1988 Bundesministerin für Jugend, Familie, Frauen und Gesundheit, **1988** bis **1998** Präsidentin des Deutschen Bundestags.

WOLFGANG THIERSE
SPD

Seit **1998** Präsident des Deutschen Bundestages.

1979 *1983* *1984* *1988* *1998*

1980	*1983*	*1987*	*1990*	*1994*	*1998*	*2002*
09	10	11	12	13	14	15

Die Mitglieder des 15. Deutschen Bundestages

A

ADAM, ULRICH CDU/CSU
AIGNER, ILSE CDU/CSU
AKGÜN, DR. LALE SPD
ALTMAIER, PETER CDU/CSU
ANDREAE, KERSTIN BÜNDNIS 90/GRÜNE
ANDRES, GERD SPD
ARNDT-BRAUER, INGRID SPD
ARNOLD, RAINER SPD
AUSTERMANN, DIETRICH CDU/CSU

B

BACHMAIER, HERMANN SPD
BÄTZING, SABINE SPD
BAHR, DANIEL (MÜNSTER) FDP
BAHR, ERNST (NEURUPPIN) SPD
BARNETT, DORIS SPD
BARTELS, DR. HANS-PETER SPD
BARTHEL, ECKHARDT (BERLIN) SPD
BARTHEL, KLAUS (STARNBERG) SPD
BARTHLE, NORBERT CDU/CSU
BARTOL, SÖREN SPD
BAUER, DR. WOLF CDU/CSU
BAUMANN, GÜNTER CDU/CSU
BECK, ERNST-REINHARD (REUTLINGEN) CDU/CSU
BECK, MARIELUISE (BREMEN) BÜNDNIS 90/GRÜNE
BECK, VOLKER (KÖLN) BÜNDNIS 90/GRÜNE
BECKMEYER, UWE SPD
BEHM, CORNELIA BÜNDNIS 90/GRÜNE
BELLMANN, VERONIKA CDU/CSU
BENDER, BIRGITT BÜNDNIS 90/GRÜNE
BENNETER, KLAUS UWE SPD
BERG, DR. AXEL SPD
BERG, UTE SPD
BERGNER, DR. CHRISTOPH CDU/CSU
BERNHARDT, OTTO CDU/CSU
BERNINGER, MATTHIAS BÜNDNIS 90/GRÜNE
BERTL, HANS-WERNER SPD
BETTIN, GRIETJE BÜNDNIS 90/GRÜNE
BIERWIRTH, PETRA SPD
BIETMANN, PROF. DR. ROLF CDU/CSU
BINDIG, RUDOLF SPD
BINDING, LOTHAR (HEIDELBERG) SPD
BINNINGER, CLEMENS CDU/CSU
BLANK, RENATE CDU/CSU
BLESER, PETER CDU/CSU
BLUMENTHAL, ANTJE CDU/CSU
BODEWIG, KURT SPD
BÖHMER, PROF. DR. MARIA CDU/CSU
BÖRNSEN, WOLFGANG (BÖNSTRUP) CDU/CSU
BÖTSCH, DR. WOLFGANG CDU/CSU
BOLLMANN, GERD FRIEDRICH SPD
BONDE, ALEXANDER BÜNDNIS 90/GRÜNE
BORCHERT, JOCHEN CDU/CSU
BOSBACH, WOLFGANG CDU/CSU
BRÄHMIG, KLAUS CDU/CSU
BRANDNER, KLAUS SPD
BRASE, WILLI SPD
BRAUKSIEPE, DR. RALF CDU/CSU
BRAUN, HELGE CDU/CSU
BRINKMANN, BERNHARD (HILDESHEIM) SPD
BRUCKMANN, HANS-GÜNTER SPD
BRÜDERLE, RAINER FDP
BRÜNING, MONIKA CDU/CSU
BRUNKHORST, ANGELIKA FDP
BRUNNHUBER, GEORG CDU/CSU
BÜLOW, MARCO SPD
BÜRSCH, DR. MICHAEL SPD
BÜTTNER, HANS (INGOLSTADT) SPD
BÜTTNER, HARTMUT (SCHÖNEBECK) CDU/CSU
BULMAHN, EDELGARD SPD
BURCHARDT, ULLA SPD
BURGBACHER, ERNST FDP
BURY, HANS MARTIN SPD
BUTALIKAKIS, VERENA CDU/CSU

C

CAESAR, CAJUS-JULIUS CDU/CSU
CARSTENS, MANFRED (EMSTEK) CDU/CSU
CARSTENSEN, PETER-HARRY (NORDSTRAND) CDU/CSU
CASPERS-MERK, MARION SPD
CONNEMANN, GITTA CDU/CSU

D

DÄUBLER-GMELIN, PROF. DR. HERTA SPD
DANCKERT, DR. PETER SPD
DAUB, HELGA FDP
DAUTZENBERG, LEO CDU/CSU
DEITTERT, HUBERT CDU/CSU
DELIGÖZ, EKIN BÜNDNIS 90/GRÜNE
DESS, ALBERT CDU/CSU
DILLER, KARL SPD
DOBRINDT, ALEXANDER CDU/CSU
DÖRFLINGER, THOMAS CDU/CSU
DÖRMANN, MARTIN SPD
DÖTT, MARIE-LUISE CDU/CSU
DOMINKE, VERA CDU/CSU
DRESSEN, PETER SPD
DROBINSKI-WEIß, ELVIRA SPD
DÜCKERT, DR. THEA BÜNDNIS 90/GRÜNE
DÜMPE-KRÜGER, JUTTA BÜNDNIS 90/GRÜNE
DZEMBRITZKI, DETLEF SPD

E

EDATHY, SEBASTIAN SPD
EHRMANN, SIEGMUND SPD
EICHEL, HANS SPD
EICHHORN, MARIA CDU/CSU
EICHSTÄDT-BOHLIG, FRANZISKA BÜNDNIS 90/GRÜNE
EID, DR. USCHI BÜNDNIS 90/GRÜNE
ELSER, MARGA SPD
EPPELMANN, RAINER CDU/CSU
ERLER, GERNOT SPD
ERNSTBERGER, PETRA SPD
ESSEN, JÖRG VAN FDP
EVERS-MEYER, KARIN SPD
EYMER, ANKE (LÜBECK) CDU/CSU

F

FAHRENSCHON, GEORG CDU/CSU
FALK, ILSE CDU/CSU
FASSE, ANNETTE SPD
FAUST, DR. HANS GEORG CDU/CSU
FEIBEL, ALBRECHT CDU/CSU
FELL, HANS-JOSEF BÜNDNIS 90/GRÜNE
FERLEMANN, ENAK CDU/CSU
FERNER, ELKE SPD
FISCHBACH, INGRID CDU/CSU
FISCHER, AXEL E. (KARLSRUHE-LAND) CDU/CSU
FISCHER, DIRK (HAMBURG) CDU/CSU
FISCHER, HARTWIG (GÖTTINGEN) CDU/CSU
FISCHER, JOSEPH (FRANKFURT) BÜNDNIS 90/GRÜNE
FLACH, ULRIKE FDP
FLACHSBARTH, DR. MARIA CDU/CSU
FLOSBACH, KLAUS-PETER CDU/CSU
FOGRASCHER, GABRIELE SPD
FORNAHL, RAINER SPD
FRANKENHAUSER, HERBERT CDU/CSU
FRECHEN, GABRIELE SPD

FREITAG, DAGMAR SPD
FRICKE, OTTO FDP
FRIEDRICH, DR. HANS-PETER (HOF) CDU/CSU
FRIEDRICH, HORST (BAYREUTH) FDP
FRIEDRICH, LILO (METTMANN) SPD
FRITZ, ERICH G. CDU/CSU
FROMME, JOCHEN-KONRAD CDU/CSU
FUCHS, DR. MICHAEL CDU/CSU
FUCHTEL, HANS-JOACHIM CDU/CSU
FUNKE, RAINER FDP

G

GAUWEILER, DR. PETER CDU/CSU
GEHB, DR. JÜRGEN CDU/CSU
GEIS, NORBERT CDU/CSU
GERHARDT, DR. WOLFGANG FDP
GEWALT, ROLAND CDU/CSU
GIENGER, EBERHARD CDU/CSU
GIRISCH, GEORG CDU/CSU
GLEICKE, IRIS SPD
GLOS, MICHAEL CDU/CSU
GLOSER, GÜNTER SPD
GÖBEL, RALF CDU/CSU
GÖHNER, DR. REINHARD CDU/CSU
GÖLLNER, UWE SPD
GÖNNER, TANJA CDU/CSU
GÖPPEL, JOSEF CDU/CSU
GÖRING-ECKARDT, KATRIN BÜNDNIS 90/GRÜNE
GÖTZ, PETER CDU/CSU
GÖTZER, DR. WOLFGANG CDU/CSU
GOLDMANN, HANS-MICHAEL FDP
GRADISTANAC, RENATE SPD
GRAF, ANGELIKA (ROSENHEIM) SPD
GRANOLD, UTE CDU/CSU
GRASEDIECK, DIETER SPD
GRIEFAHN, MONIKA SPD
GRIESE, KERSTIN SPD
GRILL, KURT-DIETER CDU/CSU
GRINDEL, REINHARD CDU/CSU
GRÖHE, HERMANN CDU/CSU
GRONEBERG, GABRIELE SPD
GROSSE-BRÖMER, MICHAEL CDU/CSU
GROSSMANN, ACHIM SPD
GROTTHAUS, WOLFGANG SPD
GRÜBEL, MARKUS CDU/CSU
GRUND, MANFRED CDU/CSU
GÜNTHER, JOACHIM (PLAUEN) FDP
GUTTENBERG, KARL-THEODOR FRHR. ZU CDU/CSU
GUTTING, OLAV CDU/CSU
GUTTMACHER, DR. KARLHEINZ FDP

H

HAACK, KARL-HERMANN (EXTERTAL) SPD
HACKER, HANS-JOACHIM SPD
HAGEDORN, BETTINA SPD
HAGEMANN, KLAUS SPD
HAIBACH, HOLGER-HEINRICH CDU/CSU
HAJDUK, ANJA BÜNDNIS 90/GRÜNE
HAPPACH-KASAN, DR. CHRISTEL FDP
HARTENBACH, ALFRED SPD
HARTMANN, CHRISTOPH (HOMBURG) FDP
HARTMANN, MICHAEL (WACKERNHEIM) SPD
HARTNAGEL, ANKE SPD
HASSELFELDT, GERDA CDU/CSU
HAUER, NINA SPD
HAUPT, KLAUS FDP
HEDRICH, KLAUS-JÜRGEN CDU/CSU
HEIDERICH, HELMUT CDU/CSU
HEIL, HUBERTUS SPD
HEINEN, URSULA CDU/CSU
HEINRICH, ULRICH FDP
HELIAS, SIEGFRIED CDU/CSU
HELLER, UDA CDU/CSU
HEMKER, REINHOLD SPD
HEMPELMANN, ROLF SPD
HENDRICKS, DR. BARBARA SPD
HENNRICH, MICHAEL CDU/CSU
HERMANN, WINFRIED BÜNDNIS 90/GRÜNE
HERMENAU, ANTJE BÜNDNIS 90/GRÜNE
HERRMANN, JÜRGEN CDU/CSU
HERZOG, GUSTAV SPD
HESS, PETRA SPD
HETTLICH, PETER BÜNDNIS 90/GRÜNE
HEUBAUM, MONIKA SPD
HEYNEMANN, BERND CDU/CSU
HILBRECHT, GISELA SPD
HILLER-OHM, GABRIELE SPD
HILSBERG, STEPHAN SPD
HINSKEN, ERNST CDU/CSU
HINTZE, PETER CDU/CSU
HOCHBAUM, ROBERT CDU/CSU
HÖFER, GERD SPD
HÖFKEN, ULRIKE BÜNDNIS 90/GRÜNE
HÖRSTER, JOACHIM CDU/CSU
HOFBAUER, KLAUS CDU/CSU
HOFFMANN, IRIS (WISMAR) SPD
HOFFMANN, JELENA (CHEMNITZ) SPD
HOFFMANN, WALTER (DARMSTADT) SPD
HOFMANN, FRANK (VOLKACH) SPD
HOHMANN, MARTIN CDU/CSU
HOMBURGER, BIRGIT FDP
HOPPE, THILO BÜNDNIS 90/GRÜNE
HOVERMANN, EIKE SPD
HOYER, DR. WERNER FDP
HÜBNER, KLAAS SPD
HÜPPE, HUBERT CDU/CSU
HUMME, CHRISTEL SPD
HUSTEDT, MICHAELE BÜNDNIS 90/GRÜNE

I

IBRÜGGER, LOTHAR SPD
IRBER, BRUNHILDE SPD

J

JÄGER, RENATE SPD
JAFFKE, SUSANNE CDU/CSU
JAHR, DR. DIETER PETER CDU/CSU
JANSSEN, JANN-PETER SPD
JONAS, KLAUS WERNER SPD
JÜTTNER, PROF. DR. EGON CDU/CSU

K

KAHRS, JOHANNES SPD
KALB, BARTHOLOMÄUS CDU/CSU
KAMPETER, STEFFEN CDU/CSU
KARWATZKI, IRMGARD CDU/CSU
KASPARICK, ULRICH SPD
KASTER, BERNHARD CDU/CSU
KASTNER, DR. H.C. SUSANNE SPD
KAUCH, MICHAEL FDP
KAUDER, SIEGFRIED (BAD DÜRRHEIM) CDU/CSU
KAUDER, VOLKER CDU/CSU
KAUPA, GERLINDE CDU/CSU
KELBER, ULRICH SPD
KEMPER, HANS-PETER SPD
KIRSCHNER, KLAUS SPD
KLAEDEN, ECKART VON CDU/CSU
KLIMKE, JÜRGEN CDU/CSU
KLÖCKNER, JULIA CDU/CSU
KLOSE, HANS-ULRICH SPD
KLUG, ASTRID SPD

KÖHLER, DR. HEINZ (COBURG) SPD
KÖHLER, KRISTINA (WIESBADEN) CDU/CSU
KÖNIGSHOFEN, NORBERT CDU/CSU
KÖRPER, FRITZ-RUDOLF SPD
KOLB, DR. HEINRICH L. FDP
KOLBE, MANFRED CDU/CSU
KOLBOW, WALTER SPD
KOPP, GUDRUN FDP
KOPPELIN, JÜRGEN FDP
KORTMANN, KARIN SPD
KOSCHYK, HARTMUT CDU/CSU
KOSSENDEY, THOMAS CDU/CSU
KRAMER, ROLF SPD
KRAMME, ANETTE SPD
KRANZ, ERNST SPD
KRAUS, RUDOLF CDU/CSU
KRESSL, NICOLETTE SPD
KRETSCHMER, MICHAEL CDU/CSU
KRICHBAUM, GUNTHER CDU/CSU
KRINGS, DR. GÜNTER CDU/CSU
KRÖNING, VOLKER SPD
KROGMANN, DR. MARTINA CDU/CSU
KRÜGER, DR. HANS-ULRICH SPD
KRÜGER-LEISSNER, ANGELIKA SPD
KUBATSCHKA, HORST SPD
KUES, DR. HERMANN CDU/CSU
KÜCHLER, ERNST SPD
KÜHN-MENGEL, HELGA SPD
KÜNAST, RENATE BÜNDNIS 90/GRÜNE
KÜSTER, DR. UWE SPD
KUHN, FRITZ BÜNDNIS 90/GRÜNE
KUHN, WERNER (ZINGST) CDU/CSU
KUMPF, UTE SPD
KURTH, MARKUS BÜNDNIS 90/GRÜNE
KURTH, UNDINE (QUEDLINBURG) BÜNDNIS 90/GRÜNE

L

LAMBRECHT, CHRISTINE SPD
LAMERS, DR. KARL A. (HEIDELBERG) CDU/CSU
LAMMERT, DR. NORBERT CDU/CSU
LAMP, HELMUT CDU/CSU
LANGE, CHRISTIAN (BACKNANG) SPD
LANZINGER, BARBARA CDU/CSU
LAUMANN, KARL-JOSEF CDU/CSU
LAURISCHK, SIBYLLE FDP
LEHDER, CHRISTINE SPD
LEHN, WALTRAUD SPD
LEIBRECHT, HARALD FDP
LENGSFELD, VERA CDU/CSU
LENKE, INA FDP
LENSING, WERNER CDU/CSU
LEONHARD, DR. ELKE SPD
LETZGUS, PETER CDU/CSU
LEUTHEUSSER-SCHNARRENBERGER, SABINE FDP
LEWERING, ECKHART SPD
LIETZ, URSULA CDU/CSU
LINK, WALTER (DIEPHOLZ) CDU/CSU
LINTNER, EDUARD CDU/CSU
LIPPOLD, DR. KLAUS W. (OFFENBACH) CDU/CSU
LIPS, PATRICIA CDU/CSU
LÖNING, MARKUS FDP
LÖSEKRUG-MÖLLER, GABRIELE SPD
LÖTZSCH, DR. GESINE FRAKTIONSLOS
LOHMANN, GÖTZ-PETER SPD
LOSKE, DR. REINHARD BÜNDNIS 90/GRÜNE
LOTZ, ERIKA SPD
LUCYGA, DR. CHRISTINE SPD
LÜHRMANN, ANNA BÜNDNIS 90/GRÜNE
LUTHER, DR. MICHAEL CDU/CSU

M

MANTEL, DOROTHEE CDU/CSU
MANZEWSKI, DIRK SPD
MARHOLD, TOBIAS SPD
MARK, LOTHAR SPD
MARKS, CAREN SPD
MARSCHEWSKI, ERWIN (RECKLINGHAUSEN) CDU/CSU
MATTHEIS, HILDE SPD
MAYER, CONNY (BAIERSBRONN) CDU/CSU
MAYER, DR. MARTIN (SIEGERTSBRUNN) CDU/CSU
MAYER, STEPHAN (ALTÖTTING) CDU/CSU
MECKEL, MARKUS SPD
MECKELBURG, WOLFGANG CDU/CSU
MEHL, ULRIKE SPD
MEISTER, DR. MICHAEL CDU/CSU
MERKEL, DR. ANGELA CDU/CSU
MERKEL, PETRA-EVELYNE SPD
MERTEN, ULRIKE SPD
MERTENS, ANGELIKA SPD
MERZ, FRIEDRICH CDU/CSU
MEYER, DORIS (TAPFHEIM) CDU/CSU
MEYER, LAURENZ (HAMM) CDU/CSU
MICHALK, MARIA CDU/CSU
MICHELBACH, HANS CDU/CSU
MINKEL, KLAUS CDU/CSU
MOGG, URSULA SPD
MONTAG, JERZY BÜNDNIS 90/GRÜNE
MORTLER, MARLENE CDU/CSU
MÜLLER, BERNWARD (GERA) CDU/CSU
MÜLLER, CHRISTIAN (ZITTAU) SPD
MÜLLER, DR. GERD CDU/CSU
MÜLLER, HILDEGARD CDU/CSU
MÜLLER, KERSTIN (KÖLN) BÜNDNIS 90/GRÜNE
MÜLLER, MICHAEL (DÜSSELDORF) SPD
MÜLLER, STEFAN (ERLANGEN) CDU/CSU
MÜNTEFERING, FRANZ SPD
MÜTZENICH, DR. ROLF SPD
MULTHAUPT, GESINE SPD

N

NACHTWEI, WINFRIED BÜNDNIS 90/GRÜNE
NEUMANN, BERND (BREMEN) CDU/CSU
NEUMANN, VOLKER (BRAMSCHE) SPD
NICKELS, CHRISTA BÜNDNIS 90/GRÜNE
NIEBEL, DIRK FDP
NIETAN, DIETMAR SPD
NITZSCHE, HENRY CDU/CSU
NOLL, MICHAELA CDU/CSU
NOLTE, CLAUDIA CDU/CSU
NOLTING, GÜNTHER FRIEDRICH FDP
NOOKE, GÜNTER CDU/CSU
NÜSSLEIN, DR. GEORG CDU/CSU

O

OBER, DR. ERIKA SPD
OBERMEIER, FRANZ CDU/CSU
ORTEL, HOLGER SPD
OSSWALD, MELANIE CDU/CSU
OSTENDORFF, FRIEDRICH BÜNDNIS 90/GRÜNE
OSWALD, EDUARD CDU/CSU
OTTO, EBERHARD (GODERN) FDP
OTTO, HANS-JOACHIM (FRANKFURT) FDP

P

PARR, DETLEF FDP
PAU, PETRA FRAKTIONSLOS
PAULA, HEINZ SPD
PAWELSKI, RITA CDU/CSU
PAZIOREK, DR. PETER CDU/CSU
PETZOLD, ULRICH CDU/CSU
PFEIFFER, DR. JOACHIM CDU/CSU

PFEIFFER, SIBYLLE CDU/CSU
PFLÜGER, DR. FRIEDBERT CDU/CSU
PFLUG, JOHANNES ANDREAS SPD
PHILIPP, BEATRIX CDU/CSU
PIEPER, CORNELIA FDP
PILTZ, GISELA FDP
PINKWART, PROF. DR. ANDREAS FDP
POFALLA, RONALD CDU/CSU
POLENZ, RUPRECHT CDU/CSU
POSS, JOACHIM SPD
PRIESMEIER, DR. WILHELM SPD
PROBST, SIMONE BÜNDNIS 90/GRÜNE
PRONOLD, FLORIAN SPD

R

RAAB, DANIELA CDU/CSU
RAABE, DR. SASCHA SPD
RACHEL, THOMAS CDU/CSU
RAIDEL, HANS CDU/CSU
RAMSAUER, DR. PETER CDU/CSU
RAUBER, HELMUT CDU/CSU
RAUEN, PETER CDU/CSU
REHBOCK-ZUREICH, KARIN SPD
REICHARD, CHRISTA (DRESDEN) CDU/CSU
REICHE, KATHERINA CDU/CSU
REICHENBACH, GEROLD SPD
REIMANN, DR. CAROLA SPD
REPNIK, HANS-PETER CDU/CSU
REXRODT, DR. GÜNTER FDP
RIEGERT, KLAUS CDU/CSU
RIEMANN-HANEWINCKEL, CHRISTEL SPD
RIESENHUBER, PROF. DR. H. C. HEINZ CDU/CSU
RIESTER, WALTER SPD
ROBBE, REINHOLD SPD
ROEDEL, HANNELORE CDU/CSU
RÖSPEL, RENÉ SPD
RÖTTGEN, DR. NORBERT CDU/CSU
ROMER, FRANZ CDU/CSU
RONSÖHR, HEINRICH-WILHELM CDU/CSU
ROSE, DR. KLAUS CDU/CSU
ROSSMANITH, KURT J. CDU/CSU
ROSSMANN, DR. ERNST-DIETER SPD
ROTH, CLAUDIA (AUGSBURG)BÜNDNIS 90/GRÜNE
ROTH, KARIN (ESSLINGEN) SPD
ROTH, MICHAEL (HERINGEN) SPD
RUCK, DR. CHRISTIAN CDU/CSU
RÜBENKÖNIG, GERHARD SPD
RÜHE, VOLKER CDU/CSU
RUNDE, ORTWIN SPD
RUPPRECHT, ALBERT (WEIDEN) CDU/CSU
RUPPRECHT, MARLENE (TUCHENBACH) SPD
RZEPKA, PETER CDU/CSU

S

SAGER, KRISTA BÜNDNIS 90/GRÜNE
SAUER, THOMAS SPD
SCHAAF, ANTON SPD
SCHÄFER, AXEL (BOCHUM) SPD
SCHÄFER, ANITA (SAALSTADT) CDU/CSU
SCHÄUBLE, DR. WOLFGANG CDU/CSU
SCHAICH-WALCH, GUDRUN SPD
SCHARPING, RUDOLF SPD
SCHAUERTE, HARTMUT CDU/CSU
SCHEEL, CHRISTINE BÜNDNIS 90/GRÜNE
SCHEELEN, BERND SPD
SCHEER, DR. HERMANN SPD
SCHEFFLER, SIEGFRIED SPD
SCHEUER, ANDREAS CDU/CSU
SCHEWE-GERIGK, IRMINGARD BÜNDNIS 90/GRÜNE
SCHILD, HORST SPD
SCHILY, OTTO SPD
SCHINDLER, NORBERT CDU/CSU
SCHIRMBECK, GEORG CDU/CSU
SCHLAUCH, REZZO BÜNDNIS 90/GRÜNE
SCHMIDBAUER, BERND CDU/CSU
SCHMIDBAUER, HORST (NÜRNBERG)SPD
SCHMIDT, ALBERT (INGOLSTADT) BÜNDNIS 90/GRÜNE
SCHMIDT, ANDREAS (MÜLHEIM) CDU/CSU
SCHMIDT, CHRISTIAN (FÜRTH) CDU/CSU
SCHMIDT, DAGMAR (MESCHEDE) SPD
SCHMIDT, SILVIA (EISLEBEN) SPD
SCHMIDT, ULLA (AACHEN) SPD
SCHMIDT, WILHELM (SALZGITTER) SPD
SCHMITT, HEINZ (LANDAU) SPD
SCHNEIDER, CARSTEN SPD
SCHOCKENHOFF, DR. ANDREAS CDU/CSU
SCHÖLER, WALTER SPD
SCHÖNFELD, KARSTEN SPD
SCHÖSSER, FRITZ SPD
SCHOLZ, OLAF SPD
SCHRECK, WILFRIED SPD
SCHREINER, OTTMAR SPD
SCHRÖDER, GERHARD SPD
SCHRÖDER, DR. OLE CDU/CSU
SCHULTE, BRIGITTE (HAMELN) SPD
SCHULTE-DRÜGGELTE, BERNHARD CDU/CSU
SCHULTZ, REINHARD (EVERSWINKEL) SPD
SCHULZ, SWEN (SPANDAU) SPD
SCHULZ, WERNER (BERLIN) BÜNDNIS 90/GRÜNE
SCHUMMER, UWE CDU/CSU
SCHWALL-DÜREN, DR. ANGELICA SPD
SCHWANHOLZ, DR. MARTIN SPD
SCHWANITZ, ROLF SPD
SEBASTIAN, WILHELM-JOSEF CDU/CSU
SEEHOFER, HORST CDU/CSU
SEGNER, KURT CDU/CSU
SEHLING, MATTHIAS CDU/CSU
SEIB, MARION CDU/CSU
SEIFFERT, HEINZ CDU/CSU
SELG, PETRA BÜNDNIS 90/GRÜNE
SIEBERT, BERND CDU/CSU
SILBERHORN, THOMAS CDU/CSU
SIMM, ERIKA SPD
SINGHAMMER, JOHANNES CDU/CSU
SKARPELIS-SPERK, DR. SIGRID SPD
SOLMS, DR. HERMANN OTTO FDP
SONNTAG-WOLGAST, DR. CORNELIE SPD
SOWA, URSULA BÜNDNIS 90/GRÜNE
SPAHN, JENS CDU/CSU
SPANIER, WOLFGANG SPD
SPIELMANN, DR. MARGRIT SPD
SPILLER, JÖRG-OTTO SPD
STADLER, DR. MAX FDP
STAFFELT, DR. DITMAR SPD
STEENBLOCK, RAINDER BÜNDNIS 90/GRÜNE
STEINBACH, ERIKA CDU/CSU
STETTEN, CHRISTIAN FRHR. VON CDU/CSU
STIEGLER, LUDWIG SPD
STINNER, DR. RAINER FDP
STÖCKEL, ROLF SPD
STOKAR VON NEUFORN, SILKE BÜNDNIS 90/GRÜNE
STORJOHANN, GERO CDU/CSU
STORM, ANDREAS CDU/CSU
STRÄSSER, CHRISTOPH SPD
STRAUBINGER, MAX CDU/CSU
STREB-HESSE, RITA SPD
STREBL, MATTHÄUS CDU/CSU
STROBL, THOMAS (HEILBRONN) CDU/CSU
STRÖBELE, HANS-CHRISTIAN BÜNDNIS 90/GRÜNE
STROTHMANN, LENA CDU/CSU
STRUCK, DR. PETER SPD

STÜBGEN, MICHAEL CDU/CSU
STÜNKER, JOACHIM SPD

T

TAUSS, JÖRG SPD
TEUCHNER, JELLA SPD
THALHEIM, DR. GERALD SPD
THIELE, CARL-LUDWIG FDP
THIERSE, WOLFGANG SPD
THÖNNES, FRANZ SPD
THOMAE, DR. DIETER FDP
TILLMANN, ANTJE CDU/CSU
TÖPFER, EDELTRAUT CDU/CSU
TRITTIN, JÜRGEN BÜNDNIS 90/GRÜNE
TRITZ, MARIANNE BÜNDNIS 90/GRÜNE
TÜRK, JÜRGEN FDP

U

UHL, HANS-JÜRGEN SPD
UHL, DR. HANS-PETER CDU/CSU
ULRICH, HUBERT BÜNDNIS 90/GRÜNE

V

VAATZ, ARNOLD CDU/CSU
VEIT, RÜDIGER SPD
VIOLKA, SIMONE SPD
VOGEL, VOLKMAR UWE CDU/CSU
VOGEL-SPERL, DR. ANTJE BÜNDNIS 90/GRÜNE
VOGELSÄNGER, JÖRG SPD
VOGT, UTE (PFORZHEIM) SPD
VOLKMER, DR. MARLIES SPD
VOLLMER, DR. ANTJE BÜNDNIS 90/GRÜNE
VOLMER, DR. LUDGER BÜNDNIS 90/GRÜNE
VOSSHOFF, ANDREA ASTRID CDU/CSU

W

WÄCHTER, GERHARD CDU/CSU
WAGNER, HANS-GEORG SPD
WANDERWITZ, MARCO CDU/CSU
WEGENER, HEDI SPD
WEIGEL, ANDREAS SPD
WEIS, PETRA SPD
WEIS, REINHARD (STENDAL) SPD
WEISS, GERALD (GROß-GERAU) CDU/CSU
WEISS, PETER (EMMENDINGEN) CDU/CSU
WEISSGERBER, GUNTER SPD
WEISSKIRCHEN, PROF. GERT (WIESLOCH) SPD
WEIZSÄCKER, DR. ERNST ULRICH VON SPD
WELLENREUTHER, INGO CDU/CSU
WELT, JOCHEN SPD
WEND, DR. RAINER SPD
WESTERWELLE, DR. GUIDO FDP
WESTRICH, LYDIA SPD
WETTIG-DANIELMEIER, INGE SPD
WETZEL, DR. MARGRIT SPD
WICKLEIN, ANDREA SPD
WIDMANN-MAUZ, ANNETTE CDU/CSU
WIECZOREK, JÜRGEN (BÖHLEN) SPD
WIECZOREK-ZEUL, HEIDEMARIE SPD
WIEFELSPÜTZ, DR. DIETER SPD
WILLSCH, KLAUS-PETER CDU/CSU
WIMMER, BRIGITTE (KARLSRUHE) SPD
WIMMER, WILLY (NEUSS) CDU/CSU
WINKLER, JOSEF PHILIP BÜNDNIS 90/GRÜNE
WINTERSTEIN, DR. CLAUDIA FDP
WISSING, DR. VOLKER FDP
WISSMANN, MATTHIAS CDU/CSU
WISTUBA, ENGELBERT SPD
WITTIG, BARBARA SPD
WITTLICH, WERNER CDU/CSU
WODARG, DR. WOLFGANG SPD
WÖHRL, DAGMAR CDU/CSU
WOHLLEBEN, VERENA SPD
WOLF, MARGARETA (FRANKFURT) BÜNDNIS 90/GRÜNE
WOLFF, WALTRAUD (WOLMIRSTEDT) SPD
WRIGHT, HEIDEMARIE SPD
WÜLFING, ELKE CDU/CSU

Z

ZAPF, UTA SPD
ZEITLMANN, WOLFGANG CDU/CSU
ZÖLLER, WOLFGANG CDU/CSU
ZÖLLMER, MANFRED HELMUT SPD
ZÖPEL, DR. CHRISTOPH SPD
ZYLAJEW, WILLI CDU/CSU